O
GRANDE
DEUS

*8 sermões em Provérbios sobre
a grandeza, a glória,
o amor e a fidelidade do Senhor*

O
GRANDE
DEUS

Spurgeon

CHARLES .H.

hagnos

Livro confeccionado e organizado com base em sermões selecionados de Charles Haddon Spurgeon em domínio público.

1ª edição: agosto de 2022

TRADUÇÃO
Paulo Sartor Jr.

REVISÃO
Luiz Werneck Maia (copidesque)
Francine Torres (provas)

CAPA
Rafael Brum

DIAGRAMAÇÃO
Letras Reformadas

EDITOR
Aldo Menezes

COORDENADOR DE PRODUÇÃO
Mauro Terrengui

IMPRESSÃO E ACABAMENTO
Imprensa da Fé

As opiniões, as interpretações e os conceitos emitidos nesta obra são de responsabilidade do autor e não refletem necessariamente o ponto de vista da Hagnos.

As notas de rodapé deste livro são do tradutor, inseridas para clarificar palavras, expressões e personagens, além de contextualizar o leitor sobre aspectos históricos e culturais.

Todos os direitos desta edição reservados à
EDITORA HAGNOS LTDA.
Av. Jacinto Júlio, 27
04815-160 — São Paulo, SP
Tel.: (11) 5668-5668

E-mail: hagnos@hagnos.com.br
Home page: www.hagnos.com.br

Editora associada à

Dados Internacionais de Catalogação na Publicação (CIP)
Angélica Ilacqua CRB-8/7057

Spurgeon, C. H. (Charles Haddon), 1834-1892.

O Grande Deus: 8 sermões em Provérbios sobre a grandeza, a glória e a fidelidade do Senhor; tradução de Paulo Sartor Jr. — São Paulo: Hagnos, 2022.

ISBN 978-85-7742-362-0

1. Bíblia - Provérbios 2. Batistas — Sermões I. Título II. Sartor, Paulo

22-3736   CDD 223.7

Índices para catálogo sistemático:
1. Bíblia - Provérbios

SUMÁRIO

Prefácio 7

1. Deus, aquele que tudo vê
   (Provérbios 15:11) 11

2. Confiança em Deus: a verdadeira sabedoria
   (Provérbios 16:20) 35

3. O amigo incomparável
   (Provérbios 17:17) 57

4. Nossa fortaleza
   (Provérbios 18:10) 81

5. Um amigo fiel
   (Provérbios 18:24) 105

6. O coração: um presente para Deus
   (Provérbios 23:26) 129

7. A glória de Deus em esconder o pecado
   (Provérbios 25:2) 147

8. O melhor amigo
   (Provérbios 27:10) 165

Sobre o autor 187

PREFÁCIO

MUITA gente quando lê os sermões de Spurgeon, o "Príncipe dos Pregadores", como ele é tradicionalmente conhecido, tem a sensação de que teria sido maravilhoso ouvi-lo expor as Escrituras pessoalmente. Tem-se a sensação de que os ouvintes não piscavam os olhos, sempre atentos a cada detalhe que lhes seria revelado do texto sagrado.

Spurgeon tinha um jeito próprio de pregar. Ele era um escavador das Escrituras. Talvez até pudéssemos chamá-lo de "arqueólogo das Escrituras". Ele cavava bem fundo e ia no âmago do texto bíblico. Com o pincel de sua percepção aguçada, ele removia as camadas das dúvidas e dificuldades, extraindo de cada passagem escriturística um material tão valioso que até hoje surpreende a mente e encanta o coração de quem o lê.

A surpresa fica por conta de como alguém seria capaz de ver nas entrelinhas do texto bíblico coisas admiráveis, que, até então, parece que ninguém mais havia conseguido enxergar, pelo menos não sob aquela ótica inédita. Não é de admirar que alguns digam: "Uau, de onde ele tirou essa interpretação maravilhosa?". Spurgeon continua a deixar por meios de seus textos brilhantes milhares de leitores maravilhados.

O encanto, por sua vez, fica a cargo de o conteúdo de sua exposição falar tremendamente ao coração. Linha a linha, o leitor se sente tomado pela emoção de ver como Deus capacitou certos indivíduos para expor com maestria sua Palavra viva e eficaz, que é capaz de gerar comoção e conduzir o coração a querer ardentemente se arrepender e servir ao Senhor com alegria. Isso só é possível porque Spurgeon era, antes de tudo, um homem de oração e comprometido com a Palavra de Deus e o Deus da Palavra.

Em *O Grande Deus*, um livro organizado a partir de sermões que Spurgeon pregou no livro de Provérbios, a Editora Hagnos brinda o leitor com uma seleção de prédicas que exaltam a grandeza, a glória e a fidelidade do Senhor.

Nosso Grande Deus é aquele que tudo vê, que está atento aos nossos clamores e sabe tudo o que se passa no nosso interior e ao nosso redor. Ele sabe o que vemos e até mesmo o que pensamos. Nada escapa à onisciência divina. Em todos os nossos atos, em todos os nossos caminhos e em todos os nossos pensamentos, estamos continuamente sob o olhar observador do Deus onisciente. Ter essa verdade em mente deve mudar nossa forma de viver e de pensar.

Nosso Grande Deus é aquele em quem podemos confiar irrestritamente, e é daí que vem a verdadeira sabedoria. Ela é um ato de confiança inabalável no Senhor. Mas onde deve ser encontrada essa sabedoria? Spurgeon discorre sobre esse tema de forma magistral à luz das Escrituras, levando o leitor a perceber que a verdadeira sabedoria é um recurso divino a ser aplicado na vida presente e que tem alcance nos pórticos da eternidade.

Nosso Grande Deus é o melhor amigo que alguém pode ter na vida. Spurgeon discorre sobre a amizade, mas não sobre a que existe entre as pessoas. Ele conduzirá o leitor a uma esfera ainda mais elevada de companheirismo: à amizade entre o ser humano e o Amigo bendito para sempre, que ama em todo o tempo. O desejo de Spurgeon é que nos conectemos com Jesus, esse o Amigo incomparável. Ele abordará o caráter peculiar desse grande Amigo em dois outros sermões, nos quais destacará a fidelidade de Deus e a sua superioridade descomunal como amigo.

Nosso Grande Deus é nossa fortaleza. Valendo-se da metáfora das fortalezas de antigamente, Spurgeon mostra que estamos seguros em Deus diante dos ataques do inimigo de nossas almas, que tenta nos derrubar e nos afastar da vontade do Senhor. Ele mostra que o nome do Senhor e o caráter dele são uma torre forte real para o crente. O leitor descobrirá que a base da segurança daquele que crê está no caráter eterno e imutável de Deus. Por isso, não temos o que temer. Estamos e estaremos sempre seguros. Spurgeon não quer tenhamos apenas a certeza de que a segurança é um fato, mas que também a experenciemos.

Nosso Grande Deus é alguém que se satisfaz não apenas em presentear (recebemos graciosamente dele o dom da vida, o ar, o alimento etc.), mas Ele se deleita igualmente em ganhar presentes, e o maior e o mais inestimável deles é o coração de seus servos. Com que tipo de coração Deus deseja ser presenteado? Aliás, como anda o seu coração, caro leitor? Em que estado ele está? Ele é um presente aceitável e agradável a Deus? Spurgeon nos conduz a essas reflexões e nos leva a desejar dar a nosso Grande Deus o nosso melhor, e esse melhor está baseado no que Deus deseja de cada um de nós em Cristo.

Nosso Grande Deus é cheio de glória, e esta glória encobre várias coisas. O que isso quer dizer? Muitos leitores sentem-se confusos com essa sentença, e muitos estudiosos também. Há quem pense que o sentido de Provérbios 25:2 é que a glória de Deus encobre todas as coisas de forma irrestrita. Spurgeon, no entanto, discorda dessa interpretação, a qual considera equivocada. Ele então expõe os problemas dessa perspectiva interpretativa e fornece à luz da Bíblia a concepção de que a glória de Deus não consiste tanto em encobrir, mas em revelar-se àqueles a quem Ele prepara para receber a revelação. Mas há coisas que Deus deseja encobrir, de fato, e uma delas é o pecado. Spurgeon discorre magistralmente sobre esse assunto complexo e revela por que é próprio da glória de Deus encobrir o pecado e quais são as consequências disso para a nossa vida no dia a dia e para a eternidade.

Desfrute destas linhas que um dia foram proclamadas alto e bom som para uma plateia ávida de ouvir a Palavra de Deus e ser transformada por ela. Mantenha esse espírito diante da Palavra do Senhor e veja o Grande Deus fazer maravilhas em sua vida.

Boa leitura!

1

DEUS, AQUELE QUE TUDO VÊ

"O inferno e a perdição estão perante o SENHOR; quanto mais o coração dos filhos dos homens!"
Provérbios 15:11

VOCÊS sempre riem da ignorância dos pagãos que se curvam diante de deuses de madeira e de pedra. Vocês citam as palavras das Escrituras e dizem: "Têm boca, mas não falam; têm olhos, e não veem". Portanto, vocês argumentam que eles não poderiam ser deuses, porque não poderiam ver nem ouvir, e riem com desprezo daqueles que rebaixaram sua compreensão a ponto de tornar essas coisas objetos de adoração. Posso lhes fazer uma pergunta — somente uma? Seu Deus pode tanto ver como ouvir, seria a conduta de vocês diferente em algum aspecto se tivessem um deus como aqueles que os pagãos adoram? Suponham por um minuto que o SENHOR, que nominalmente é adorado nesta terra, pudesse ser (embora seja quase uma blasfêmia supor isso) atingido por tal cegueira que não lhe permitisse ver as obras e conhecer os pensamentos do ser humano: vocês então se tornariam mais descuidados em relação a Ele do que são agora? Creio que não. Em nove de cada dez casos, e talvez em uma proporção muito maior e mais triste, a doutrina da onisciência divina, embora seja aceita e crida, não tem nenhum efeito prático em nossas vidas. A maior parte da humanidade se esquece de Deus: nações inteiras que reconhecem existência dele e acreditam que Ele as vê, vivem como se não tivessem Deus. Comerciantes, fazendeiros, pessoas em suas lojas e em seus campos, maridos em suas famílias e esposas no meio de seus lares vivem como se Deus não existisse; como se não houvesse olho algum os observando; nenhum ouvido escutando a voz de seus lábios, e nenhuma mente eterna registrando continuamente suas ações. Ah! Somos ateus na prática, a maioria de nós; sim, todos, exceto aqueles que nasceram de novo e passaram da morte para a vida, sejam quais forem seus credos, são ateus na vida; pois se não houvesse Deus ou qualquer outra vida, multidões nunca seriam afetadas por esse fato; elas viveriam da mesma forma que vivem agora — suas vidas sendo tão cheias de desprezo por Deus e por seus caminhos que a ausência de um Deus não poderia afetá-las em algum grau. Permitam-me então esta manhã, com a ajuda de Deus, despertar seus corações; e que Deus conceda que algo que eu diga afaste de vocês todo seu ateísmo prático. Eu me esforçarei para apresentar-lhes Deus, aquele que tudo vê, e insistir para que reflitam solenemente no grandioso fato de que em todos os nossos atos, em todos os nossos caminhos e em todos os nossos pensamentos, estamos continuamente sob seu olhar observador.

Temos em nosso texto, em primeiro lugar, *um grande fato declarado*: "O inferno e a perdição estão perante o Senhor"; em segundo lugar, *um grande fato inferido*: "quanto mais o coração dos filhos dos homens!".

I

Começaremos com *o grande fato declarado* — um fato que nos fornece premissas das quais deduzimos a conclusão prática da segunda sentença — "quanto mais o coração dos filhos dos homens!". A melhor interpretação que se pode dar destas duas palavras, "inferno" e "perdição", é, creio, compreendida em uma frase como esta: "*A morte e o inferno estão perante o* Senhor". O estado de separação e de perdição dos espíritos que partiram (*Abaddon*, como diz o hebraico, o lugar de tormento) estão ambos, embora notoriamente misteriosos para nós, bem manifestos para Deus.

1. Em primeiro lugar, a palavra aqui traduzida como "inferno" pode muito bem ser traduzida como "morte" ou o estado dos espíritos que partiram. Ora, a morte, com todas as suas graves consequências, é visível ao Senhor. Entre nós e a vida futura dos espíritos que partiram, paira uma grande nuvem negra. Aqui e acolá, o Espírito Santo fez fendas, por assim dizer, na negra parede de separação, por meio da qual podemos ver pela fé; pois Ele "revelou a nós pelo seu Espírito" as coisas "que o olho não viu, e o ouvido não ouviu" e que o intelecto humano jamais poderia compreender. No entanto, o que sabemos é muito pouco. Quando as pessoas morrem, elas vão para além do domínio do nosso conhecimento: tanto em corpo como em alma, elas vão para além de nossa compreensão.

Deus, porém, entende todos os segredos da morte. Vamos dividi-los em vários tópicos e enumerá-los.

Deus conhece as sepulturas de todo o seu povo. Ele registra tanto o local de descanso daquele que está enterrado sem sepultura e sozinho, como daquele sobre quem um grandioso mausoléu foi erguido. O viajante que caiu no deserto árido, cujo corpo se tornou presa de abutre e cujos ossos foram descoloridos ao sol; o marinheiro que naufragou em alto mar e sobre cujo cadáver nenhum lamento jamais foi feito, exceto o uivo dos ventos e o murmúrio das ondas bravias; os milhares que pereceram em batalha, incontáveis e despercebidos; os muitos que morreram sozinhos em meio a florestas sombrias, a mares congelados e a tempestades de neve devastadoras — todos esses e os lugares de seus sepulcros são conhecidos por Deus. Aquela gruta marítima silenciosa em que pérolas se encontram no fundo, onde agora o náufrago está sepultado, é marcada por Deus como o local da morte de um de seus remidos; aquele lugar na encosta da montanha, a ravina profunda em que o viajante caiu e foi soterrado por um monte de neve, está marcado na memória de Deus como o túmulo de um ser humano. Nenhum corpo humano, independentemente de ter ou não ter sido enterrado, escapou do conhecimento de Deus. Bendito seja seu nome, pois se eu morrer e for sepultado onde jazem os rudes antepassados do vilarejo, em algum canto esquecido do cemitério da igreja, serei igualmente conhecido, e ressuscitarei do mesmo modo, reconhecido por meu glorioso Pai como se eu estivesse sepultado na catedral[1] onde florestas de pilares góticos se

---
[1] Era costume sepultar dentro de igrejas, principalmente os famosos e nobres.

erguem orgulhosamente, e onde as canções de miríades exaltam perpetuamente os céus. Serei conhecido tão bem como se tivesse sido enterrado lá em solene pompa, e tivesse sido enterrado com música e com veneráveis solenidades, e serei reconhecido tão bem como se um troféu de mármore e um famoso monumento tivessem sido erguidos em minha memória; pois Deus não se esquece das sepulturas de seus filhos. Moisés está sepultado em algum lugar que o olho não viu. Deus recolheu sua alma e enterrou o corpo de Moisés onde Israel jamais poderia encontrá-lo, ainda que o procurasse. Mas Deus sabe onde Moisés está sepultado; e se Ele o sabe, conhece onde todos os seus filhos estão escondidos. Vocês não podem me dizer onde está o túmulo de Adão; não poderiam indicar-me o lugar de descanso de Abel. Alguém é capaz de encontrar a sepultura de Matusalém e daqueles habitantes longevos da época anterior ao dilúvio? Quem dirá onde o outrora estimado corpo de José agora dorme na fé? Alguns de vocês podem encontrar os túmulos dos reis e indicar o local exato onde Davi e Salomão descansam em solitária imponência? Não, essas coisas esvaíram-se da memória humana, e não sabemos onde os grandes e poderosos do passado estão enterrados; mas Deus sabe, porque a morte e o inferno estão perante o Senhor.

E de igual modo, além disso, Ele não apenas conhece o lugar onde foram enterrados, mas também conhece a história de todos os corpos após a sepultura ou após a morte. Frequentemente, o infiel pergunta: "Como pode o corpo de alguém ser restaurado se pode ter sido comido por um canibal ou devorado por animais?". Nossa resposta simples é que Deus pode rastrear cada átomo de um corpo, se quiser. Não acreditamos ser necessária a ressurreição para que Ele o faça, mas se assim o desejasse, poderia fazer ressurgir cada átomo de cada corpo que já morreu: embora tenham passado pelos mais complexos mecanismos da natureza, e se emaranhado com plantas e com animais, e com os corpos de outros seres humanos em seu percurso, ainda está dentro do alcance do conhecimento divino saber onde cada átomo se encontra, e está ao alcance de sua Onipotência chamar cada átomo de sua vagueação e restaurá-lo à sua própria esfera e reconstruir o corpo do qual ele fazia parte. É verdade que não conseguimos rastrear o pó que há muito se dissipou. Enterrado com extremo cuidado, preservado com a mais escrupulosa reverência, anos se passaram, e o corpo do monarca que havia repousado por muito tempo bem guardado e protegido, foi finalmente encontrado pela mão descuidada. O caixão se desfez e as alças estavam avariadas por causa de seu próprio valor; um punhado de pó foi descoberto, as últimas relíquias de alguém que fora senhor de muitas nações. Aquele pó, por mão sacrílega, foi lançado no altar da igreja, ou jogado no cemitério paroquial e soprado pelos ventos para a jazida vizinha. Era impossível preservá-lo para sempre; o extremo cuidado foi em vão; e, por fim, o monarca estará no mesmo nível de seu escravo, igualmente desconhecido e ignorado. Mas Deus sabe para onde foi cada partícula do punhado de pó: Ele marcou em seu livro o vaguear de cada um dos átomos daquele nobre. A morte é tão nítida a seus olhos que Ele pode juntar tudo isso, osso com osso, e revesti-los com a própria carne que os revestiu nos dias passados, e fazê-los viver de novo. A morte está descoberta perante o Senhor.

E como o corpo, assim a alma quando separada dele está perante o Senhor. Olhamos para o semblante de nosso amigo a morrer e, de repente, uma mudança misteriosa passa por seu corpo. "Sua alma partiu", dizemos. Mas temos alguma ideia do que é sua alma? Podemos conjecturar como pode ser o voo dessa alma, e qual a augusta presença para a qual ela é conduzida quando é desembaraçada de seu carretel terreno? É possível imaginarmos qual é o estado em que espíritos sem corpos, perpetuamente bem-aventurados, contemplam seu Deus? É possível conseguirmos ter alguma noção do que o céu deve ser, quando corpos e almas, reunidos, estarão diante do trono de Deus, desfrutando da mais completa bem-aventurança; mas eu acho que são tão grosseiras nossas concepções enquanto estamos em nossos corpos que é quase, senão totalmente impossível, para qualquer um de nós formar qualquer ideia quanto ao estado das almas enquanto desencarnadas, entre a hora da morte e o momento da ressurreição.

Somente isso é o que sabemos:

> Eles extremamente bem-aventurados são
> Sem pecado, preocupações e lamentos,
> E com seu Salvador descansando estão.

Nem o melhor dos santos, entretanto, pode nos dizer nada mais do que isso. Eles são bem-aventurados e no paraíso estão reinando com seu Senhor. Irmãos, essas coisas são conhecidas por Deus. O estado em que a alma está separada do corpo, o céu dos espíritos desencarnados, está ao alcance do olhar do Altíssimo, e nesta hora, se assim o desejasse, Ele poderia nos revelar a condição de todo homem que está morto – se ele subiu para os Campos Elísios[2] para habitar para sempre à luz do sol do semblante de seu Mestre, ou se foi mergulhado no inferno, arrastado por correntes de ferro para esperar em triste lamento o resultado do terrível julgamento, quando o "apartai-vos de mim, malditos" deve ser a reafirmação de uma sentença uma vez pronunciada e já em parte suportada. Deus sabe individualmente da condenação do espírito de cada um antes do dia do grande tribunal – antes que a última sentença tenha sido pronunciada, a morte está descoberta perante o Senhor.

2. A próxima palavra, "*perdição*", significa inferno, ou o lugar dos condenados. Isso também está descoberto diante do Senhor. Onde está o inferno e quais são os seus sofrimentos, não sabemos; exceto "por espelho, em enigma", nunca vimos as coisas invisíveis do horror. Essa terra de terror é uma terra desconhecida. Temos muitos motivos para agradecer a Deus por tê-la afastado bastante das habitações dos mortais vivos a ponto de as dores, os gemidos, os gritos, os berros não poderem ser ouvidos aqui, caso contrário, a própria terra teria se tornado um inferno, o prelúdio solene e uma amostra do tormento indizível. Deus a colocou em algum lugar, bem no limite de seus domínios, um lago cheio de lamentos que arde com fogo e enxofre; nele, ele lançou os anjos rebeldes, que (embora por uma permissão, eles agora são autorizados a andar pela terra) carregam um inferno dentro de seus peitos, e logo serão amarrados com correntes, encerrados na escuridão e nas trevas para sempre, pois não permaneceram em seu primeiro estado, mas se rebelaram

---

[2] Na religião grega antiga, o lugar de descanso dos mortos que foram grandes e proeminentes nesse mundo. Usado aqui como sinônimo de céu.

contra Deus. Para aquele lugar, não ousamos olhar. Talvez ninguém possa ter uma ideia clara dos tormentos dos perdidos sem enlouquecer imediatamente. A razão vacilaria com tal visão de horror. Um momento ouvindo os gritos estridentes de espíritos torturados pode nos levar para sempre às profundezas do desespero e fazer com que apenas sejamos aptos a ser acorrentados enquanto vivemos na terra. Nos tornaríamos loucos delirantes. Mas, embora Deus tenha misericordiosamente escondido todas essas coisas de nós, todas elas são conhecidas por Ele, que as contempla; sim, é seu olhar que torna o inferno o que ele é. Seus olhos, cheios de fúria, lançam os relâmpagos que espalham seus inimigos; seus lábios, cheios de trovões terríveis, provocam os trovões que agora assustam os ímpios. Caso eles pudessem escapar dos olhos de Deus, pudessem bloquear aquela visão sombria do rosto da Majestade enfurecida do céu, então as chamas do inferno poderiam ser extinguidas; então a roda de Íxion[3] poderia ficar parada; então, o condenado Tântalo[4] mataria sua sede e comeria até se fartar. Mas lá, enquanto estão acorrentados, eles olham para cima e veem sempre aquela visão terrível do Altíssimo; as mãos terríveis que agarram os raios, os lábios terríveis que proferem os trovões e os olhos assustadores que relampejam as chamas

---

[3] Personagem de um mito da Grécia antiga. Por ter ofendido Zeus ao tentar se relacionar sexualmente com sua esposa Hera, foi morto por ele e mandado para o mundo dos mortos e amarrado a uma roda em chamas, que gira sem parar.

[4] Personagem de um mito da Grécia antiga. Para testar a onisciência dos deuses, teria servido a carne do próprio filho a eles. Foi punido por Zeus, que o lançou no Tártaro. Lá, passaria a eternidade com fome e sede, tentando pegar um fruto de uma árvore cujos galhos sempre se afastariam dele pelo vento e beber água que sempre escoaria dele.

que queimam suas almas com horrores mais profundos que o desespero. Sim, o inferno, por mais horrível que seja, velado em muitas nuvens e coberto de trevas, está nu diante dos olhos do Altíssimo.

Aqui está o grande fato declarado: "O inferno e a perdição estão perante o Senhor". Depois disso, a inferência parece simples: "quanto mais o coração dos filhos dos homens!".

II

Agora chegamos ao *grande fato inferido*.

Ao entrar brevemente nesta segunda parte, abordarei o assunto assim — percebe-se um argumento: "Quanto mais o coração dos filhos dos homens!". Portanto, começarei perguntando: por que se segue que os corações dos seres humanos são vistos por Deus? *Por quê? Como? O quê? Quando?*, serão quatro perguntas entre as quais dividiremos o que temos agora a dizer.

1. *Por que* é tão evidente que se "o inferno e a perdição estão perante o SENHOR", o coração dos seres humanos deve ser visto com clareza por Ele?

Respondemos: porque os corações dos seres humanos não são tão abrangentes como os domínios da morte e do tormento. O que é o coração humano? O que é o próprio ser humano? Ele não está nas Escrituras comparado a um gafanhoto? Deus não declara que Ele "lança por aí as ilhas" – ilhas inteiras cheias de pessoas – "como a uma coisa pequeníssima"; e que "as nações são consideradas por ele como a gota de um balde"? Se, então, os olhos de Deus que tudo veem captam de relance as vastas regiões da morte – e elas são vastas, vastas o suficiente para assustar qualquer um que tente percorrê-las –, se, digo, com um olhar Deus vê a morte e vê o inferno através de todas as suas profundezas sem fim, com toda sua infinidade de sofrimento, certamente então Ele é perfeitamente capaz de ver todas as ações da pequena coisa chamada coração humano. Suponha que uma pessoa tão sábia seja capaz de conhecer as necessidades de uma nação e se lembrar dos sentimentos de miríades de pessoas: não se pode supor que seja difícil para ele conhecer as ações de sua própria família e compreender as emoções daqueles de sua casa. Se alguém é capaz de esticar o braço sobre uma grande esfera e dizer: "Eu sou o monarca de tudo isso", certamente ele será capaz de controlar tudo ao seu redor. Aquele que em sua sabedoria pode caminhar ao longo dos séculos não ignora a história de um ano; aquele que pode mergulhar nas profundezas da ciência e compreender a história de todo o mundo desde a sua criação não se assusta com algum pequeno enigma que acontece à sua porta. Não, o Deus que vê a morte e o inferno vê nossos corações, pois eles são muito menos abrangentes.

Reflita de novo: eles também são muito menos antigos. A morte é uma antiga monarca; ela é a única rainha cuja dinastia permanece firme. Desde os dias de Adão, ela nunca foi sucedida por outro e nunca teve seu reinado interrompido. Seu cetro de ébano negro varreu geração após geração; sua foice ceifou os belos campos desta terra milhares de vezes e é afiada para nos ceifar, e quando outra safra nos suceder, ela ainda estará pronta para devorar as multidões e limpar a terra novamente. As regiões da morte são domínios antigos; seus pilares de granito preto são tão antigos quanto as colinas eternas. A morte fez sua presa na terra muito antes de Adão estar aqui.

Aquelas criaturas poderosas que fizeram as profundezas parecerem antiquíssimas com sua força, e agitaram a terra com seus tropéis – aqueles filhos mais velhos nascidos da natureza, as criaturas poderosas que viveram aqui muito antes de Adão caminhar no Éden –, a morte os tornou sua presa: como uma poderosa caçadora, ela lanceou o grandioso lagarto e o fez cair, e agora nós o desenterramos de sua sepultura de pedra e nos maravilhamos com ele. Ela é nossa antiquíssima monarca; mas, por mais antiga que seja, todo o seu reinado está nos registros de Deus, e até que a própria morte esteja morta e tragada pela vitória, ela estará exposta ao Senhor. Como a morte é antiga! – tão antiga quanto o primeiro pecado. Naquele dia em que Satanás tentou os anjos e desviou a terça parte das estrelas, o inferno foi cavado; naquela ocasião, aquele abismo sem fundo foi atingido pela primeira vez com rochas sólidas de vingança, para que ficasse um registro prodigioso do que a ira de Deus pode fazer. O fogo do inferno não é como os gravetos acesos ontem: são chamas antigas que arderam muito antes do Vesúvio expelir seu fogo sinistro. Muito antes que as primeiras cinzas carbonizadas caíssem sobre a planície dos violentos vulcões da terra, as chamas do inferno já ardiam; pois "há muito está preparada a fogueira [...]; a pira é profunda e larga, com fogo e lenha em abundância; o assopro do Senhor, como torrente de enxofre, a acenderá". Se as coisas milenares, essas coisas antigas, morte e inferno, são vistas por Deus, e se toda sua história é conhecida por Ele, quanto mais, então, Ele conhecerá a história desses meros animais minúsculos, desses efêmeros que duram uma hora, ao quais chamamos de "humanos"! Você está aqui hoje e já irá amanhã; nascidos ontem, veremos nossa sepultura pronta nas próximas horas, e em mais um minuto ouviremos:

"das cinzas às cinzas, do pó ao pó"[5], e a terra será jogada sobre a tampa do caixão. Somos criaturas que vivem um dia e nada sabemos. Quase não ficamos aqui; apenas começamos a viver e já morremos. "Foi-se!" é a principal parte da nossa história. Mal temos tempo para contar a história antes que ela chegue ao fim. Com certeza, então, Deus pode entender facilmente a história de um animal quando Ele conhece a história dos reinados da morte e do inferno.

Esse é o *porquê*. Não preciso apresentar mais argumentos, embora haja abundância dedutível do texto. "Quanto mais o coração dos filhos dos homens!"

2. Mas agora, *como* Deus conhece o coração? Quero dizer, em que grau e em que medida, Ele entende e conhece o que há no ser humano? Respondo: a Sagrada Escritura, em diversos lugares, nos dá informações mais precisas. Deus conhece o coração tão bem que nos é dito que Ele o "esquadrinha". Todos nós entendemos a figura de um esquadrinhamento, de uma investigação, de uma busca. De posse de um mandado de busca contra uma pessoa que supostamente está abrigando um traidor em sua casa, o policial vai aos ambientes da casa, abre a porta das despensas, olha em todos os armários, espia em cada fenda, pega a chave, desce ao porão, revira o carvão, mexe na lenha[6] para se certificar de que ninguém está escondido ali. Ele sobe as escadas: há um quarto antigo que não é aberto há anos – e ele o abre. Há um baú enorme: a fechadura é forçada e quebrada. O próprio teto da casa é revistado para que não se esconda ninguém no meio das telhas. Por fim, quando a busca é

---

[5] Frase do *Livro de Orações Comum* da Igreja Anglicana e que é dita em funerais.
[6] Nessa época, as casas eram aquecidas com lenha e carvão.

concluída, o policial diz: "É impossível que possa haver alguém aqui, pois das telhas até o alicerce esquadrinhei a casa minuciosamente; eu conheço muito bem até mesmo as aranhas, pois olhei a casa completamente". Ora, é dessa maneira que Deus conhece nosso coração. Ele o esquadrinha – investiga cada fresta, canto, fenda e parte secreta; e a figura do Senhor é levada ainda mais longe. "A lâmpada do SENHOR", dizem, "esquadrinha todo o mais íntimo do corpo". Como quando desejamos encontrar algo e olhamos para o chão com muito cuidado e limpamos o pó. Se é alguma moeda que desejamos encontrar, procuramos diligentemente até encontrá-la. Do mesmo modo é com Deus. Ele vasculha Jerusalém com lâmpadas e traz tudo para a luz do dia. Não é uma busca parcial como a de Labão, quando entrou na tenda de Raquel em busca de seus ídolos. Ela os havia colocado na sela do camelo e sentou-se sobre eles; mas Deus olha dentro da sela do camelo e de tudo mais. "Esconder-se-ia alguém em esconderijos, de modo que eu não o veja? — diz o SENHOR." Seus olhos esquadrinham o coração e examinam cada parte dele.

Em outra passagem, somos informados de que Deus prova os pensamentos. Isso é ainda mais do que esquadrinhar. O ourives, quando pega o ouro, olha para ele e o examina cuidadosamente. "Hum!", diz ele, "ainda não conheço este ouro: devo prová-lo". Ele o coloca na fornalha; ali, carvões em brasa são amontoados sobre ele, e ele é fundido e derretido até que o ourives saiba o que há de impureza e o que há de ouro. Ora, Deus sabe até o quilate do quanto há de ouro puro em nós e do quanto há de impureza. Não há como enganá-lo. Ele colocou nossos corações na fornalha de sua onisciência; a fornalha – seu conhecimento – nos prova tão completamente quanto o cadinho do ourives prova o ouro: quanto há de hipocrisia, quanto há de verdade – quanto de vigor, quanto de real – quanto de ignorância, quanto de conhecimento – quanto de piedade, quanto de blasfêmia – quanto de cuidado, quanto de descuido. Deus conhece os ingredientes do coração; ele reduz a alma a seus metais puros; ele a divide em pedaços – um tanto de quartzo, um tanto de ouro, um tanto de imundície, de impureza, de madeira, de feno, de palha, um tanto de ouro, prata e pedras preciosas. "O Senhor prova os corações e esquadrinha os pensamentos dos filhos dos homens."

Aqui está outra descrição do conhecimento de Deus sobre o coração. Em um lugar das Sagradas Escrituras (será bom se você encarregar seus filhos de descobrirem esses versículos em casa) diz-se que Deus pondera os corações. Ora, sabe-se que a palavra latina *ponderare* significa *pesar*. O Senhor pesa os corações. O velho mestre Quarles[7] possui uma ilustração de alguém importante colocando um coração de um lado da balança, e então colocando a lei, a Bíblia, do outro para pesá-lo. Isso é o que Deus faz com os corações humanos. Muitas vezes eles são grandes, dilatados, inchados, e as pessoas dizem: "Que pessoa de grande coração que ela é!". Mas Deus não julga pela aparência do grande coração de alguém nem pela aparência externa de um bom coração; Ele, no entanto, o coloca na balança e pesa – coloca sua própria Palavra em um lado da balança e o coração no outro. Ele sabe o peso exato – sabe se temos graça no coração que nos torna pesados, ou apenas fingimento, que nos faz

---

[7] Francis Quarles (1592-1644) foi um poeta inglês, mais conhecido por sua obra *Emblems* (livro com ilustrações metafóricas explicadas).

pesar pouco quando colocados na balança. Ele esquadrinha o coração de todas as maneiras possíveis: coloca-o no fogo e então o lança na balança. Ah, Deus não poderia dizer de muitos de vocês: "Esquadrinhei seus corações e encontrei vaidade neles. Prata rejeitada lhes chamarão, porque Deus colocou vocês na fornalha e os rejeitou"? E então, Ele pode concluir seu veredicto, dizendo: "*Mene, Mene, Tequel* e *Parsim*: pesado foste na balança e achado em falta". Esta é a resposta à pergunta: *Como?*

A próxima pergunta era: *o quê?* O que é que Deus vê no coração humano? Deus vê no coração humano muito mais do que pensamos que Deus vê, e tem visto em nossos corações luxúria, blasfêmia, assassinato, adultério, malícia, ira, e toda falta de amor. O coração nunca pode ser retratado de forma mais sombria, a menos que você o retrate com algo mais sombrio do que o próprio Diabo. É o mais básico possível. Você nunca cometeu assassinato, mas ainda assim teve assassinato em seu coração; você pode nunca ter manchado suas mãos com as concupiscências e as aspersões da impureza, mas ainda assim está no seu coração. Você nunca imaginou algo mau? A sua alma nunca, por um momento, acalentou um prazer ao qual você era muito puro para se entregar, mas o qual, por alguns instantes, você examinou com pelo menos um pouco de complacência e deleite? Não tem a imaginação muitas vezes retratado, mesmo para o monge solitário em sua cela, vícios maiores do que pessoas na vida pública jamais sonharam? E não pode até mesmo um sacerdote em seu gabinete ter consciência de que blasfêmias, e assassinatos, e concupiscências da classe mais vil podem encontrar um abrigo pronto até mesmo no coração que ele espera que seja dedicado a Deus? Ó amados! É uma visão que nenhum olho humano poderia suportar: a visão de um coração realmente desnudado diante da própria investigação nos assustaria quase até à loucura: mas Deus vê o coração em toda a sua sensualidade animalesca, em todas as suas errâncias e rebeliões, em toda a sua altivez e orgulho; Deus o esquadrinha e o conhece totalmente.

Deus vê todas as imaginações do coração, e o que elas são não atrevemos dizer. Ó filhos de Deus, elas os têm feito chorar e gemer muitas vezes, e embora os do mundo não gemem por isso, ainda assim eles as possuem. Oh, que chiqueiro imundo da imaginação infernal é o coração! Todo cheio de tudo que é hediondo quando, de uma só vez, começa a dançar, pular e fazer folia pelo pecado. Mas Deus vê a imaginação do coração.

Volto a dizer: Deus vê as artimanhas do coração. Você, talvez, ó pecador, tenha decidido amaldiçoar a Deus; você não fez isso, mas pretendia fazê-lo. Ele conhece suas artimanhas – Ele vê todas. Talvez você não se permita cair no excesso de depravação ao qual intenciona; mas sua própria intenção está passando pelo exame do Altíssimo neste momento. Nunca há um desígnio forjado no fogo do coração, o qual antes de ser batido na bigorna da decisão, que não seja conhecido, visto e notado pelo SENHOR nosso Deus.

Ele conhece as decisões do coração. Ele sabe, ó pecador, quantas vezes você decidiu se arrepender, e decidiu, e decidiu de novo, e então continuou o mesmo. Ele sabe, ó você que está doente, como decidiu buscar a Deus, mas como desprezou sua própria decisão quando a boa saúde o distanciou do perigo temporário. Suas decisões foram arquivadas no céu, e suas promessas quebradas e seus votos desprezados serão trazidos em sua ordem como testemunhas implacáveis de sua condenação. Todas essas coisas são conhecidas por

Deus. Frequentemente, temos uma prova muito clara de que Deus sabe o que está no coração humano, mesmo durante uma ministração. Alguns meses atrás, enquanto estava eu aqui pregando, com toda convicção, apontei para um homem no meio da multidão e disse estas palavras: "Há um homem sentado ali que é sapateiro. Ele mantém sua loja aberta aos domingos. Ele a abriu pela última vez no último domingo de manhã, recebeu nove centavos e teve um lucro de quatro centavos com isso. A alma dele foi vendida a Satanás por quatro centavos". Um irmão da City Mission[8], ao circular no extremo oeste da cidade, encontrou-se com um homem pobre, a quem fez a seguinte pergunta:

—Você conhece o Sr. Spurgeon?

(Ele o encontrou enquanto lia uma pregação).

— Sim, disse ele, tenho todos os motivos para conhecê-lo. Fui ouvi-lo e, pela graça de Deus, tornei-me um novo homem. Mas, disse ele, quer saber como foi? Fui ao *Music Hall* e sentei-me no meio do salão, e ele olhou para mim como se me conhecesse e com toda convicção disse à congregação que eu era sapateiro e que vendia sapatos aos domingos; e eu realmente faço isso, senhor. Mas senhor, eu não deveria ter dado atenção a isso. Contudo, ele disse que eu havia ganhado nove centavos no domingo anterior e que havia quatro centavos de lucro; e eu realmente ganhei nove centavos e quatro centavos foram exatamente o lucro, e como ele poderia saber disso, estou certo de que não sei dizer. Ocorreu-me que

---

[8] O movimento City Mission (também chamado de Rescue Mission) começou em Glasgow em 1826 com David Nasmith. Era uma agência interdenominacional que operava ao lado de igrejas e outras agências cristãs para prover o bem-estar espiritual e material dos necessitados.

Deus havia falado à minha alma por meio dele; e fechei minha loja no domingo passado e estava com medo de abri-la e ir lá, para que ele não falasse de mim de novo.

Eu poderia contar até uma dúzia de histórias autênticas de casos que aconteceram neste lugar, onde, com toda convicção, apontei para alguém sem conhecer absolutamente a pessoa, ou nunca tendo, no mínimo grau, qualquer indício ou ideia de que o que eu dissera estava certo, exceto que eu acreditava que havia sido movido a isso pelo Espírito; e tão impressionante foi a descrição, que as pessoas foram embora e disseram: "Venha, veja um homem que me disse todas as coisas que sempre fiz: ele foi enviado por Deus à minha alma, sem dúvida, caso contrário ele não poderia ter descrito minha situação de modo tão preciso".

E não apenas isso, mas conhecemos casos em que os pensamentos das pessoas foram revelados do púlpito. Às vezes, tenho visto pessoas cutucando outras com os cotovelos porque receberam um golpe certeiro, e as ouvi dizer quando saíram: "Isso é exatamente o que eu disse a você quando entrei à porta". "Ah!", diz o outro, "eu estava pensando exatamente no que ele disse e ele falou". Ora, se Deus prova assim sua própria onisciência ajudando seu pobre servo ignorante a declarar tudo o que foi pensado e feito, quando seu servo não sabia, então deve ficar definitivamente provado que Deus sabe tudo o que é secreto, porque vemos que Ele diz às pessoas, e as capacita a dizer aos outros. Oh, vocês podem se esforçar tanto quanto conseguirem para esconder suas falhas de Deus, mas sem dúvida Ele descobrirá. Ele descobre vocês hoje. Sua Palavra é "apta para discernir os pensamentos e propósitos do coração" e "penetra até ao ponto de dividir alma e espírito, juntas e medulas"; e naquele último dia, quando o livro for aberto e Ele der a cada um sua sentença, então será visto como era exato, cuidadoso, precioso e pessoal o conhecimento de Deus sobre o coração de cada pessoa que Ele havia feito.

4. E agora a última pergunta: *quando*? Quando Deus nos vê? A resposta é que Ele nos vê em toda parte e em todos os lugares. Ó tolo, que pensa se esconder do Altíssimo! É noite! Nenhum olho humano vê você; a cortina está fechada e você está escondido. Lá estão os olhos de Deus descendo até você através da escuridão. Você está em um país distante; ninguém o conhece ali; pais e amigos foram deixados para trás, as restrições foram eliminadas. Há um Pai perto de você que olha para você agora mesmo. Você está em um lugar isolado e, se a ação for praticada, nenhuma língua a dirá. Há uma língua no céu que a dirá; sim, a viga da parede e as pedras no campo se levantarão como testemunhas contra você. Você consegue se esconder em algum lugar onde Deus não o possa detectar? Não é todo este mundo como uma colmeia de vidro onde colocamos nossas abelhas? E Deus não se levanta e vê todos os nossos movimentos quando pensamos que estamos escondidos? "Ah, isso aqui é apenas um esconderijo de vidro." Ele vê do céu, e através de paredes de pedra e rochas; sim, até o próprio centro da terra seus olhos penetram e na escuridão mais densa Ele contempla nossas ações.

Venha então, deixe-me fazer uma aplicação pessoal do assunto e eu assim o farei. Se isso for verdade, hipócrita, que tolo você é! Se Deus pode ver o coração, ó humano, que coisa lamentável deve ser o seu belo pretexto! Ah! Que mudança acontecerá com alguns de vocês! Este mundo é um baile de máscaras, e vocês, muitos de vocês, usam a máscara da religião. Vocês dançam até ficarem zonzos, e as pessoas pensam que vocês são os santos de Deus. Como você ficará mudado quando, às portas da eternidade, você tirar a máscara e revelar a forma teatral em que vive! Como você ficará vermelho quando a maquiagem for lavada de seu rosto – quando estiver diante de Deus, nu para sua própria vergonha, um hipócrita, impuro, doente, antes coberto com coisas fúteis e com truques da pretensa formalidade na religião, mas agora de pé ali, desprezível, vil e horrível! Muitos carregam consigo um câncer que deixaria alguém doente só de ver. Oh, como se parecerão os hipócritas quando seus corações cancerosos forem expostos! Diácono! Como você tremerá quando seu velho coração se rasgar, ficando aberto, e suas pretensões vis se desfizerem! Pastor! Como você ficará pasmo quando sua veste litúrgica for tirada e quando suas grandes pretensões forem lançadas aos cães! Como você tremerá! Você não pregará aos outros. Pregarão para você mesmo, e a pregação será a partir daquele texto: "Apartai-vos, malditos". Ó irmãos, acima de tudo, evitem a hipocrisia. Se vocês pretendem ser condenados, decidam-se a isso e sejam condenados como pessoas honestas; mas, eu imploro, não finjam ir para o céu enquanto o tempo todo vocês caminham para o inferno. Se vocês pretendem fazer suas moradas em tormento para sempre, então sirvam ao Diabo e não tenham vergonha dele; aguentem firme e deixem o mundo saber o que vocês são. Mas oh! Nunca coloquem o manto da religião. Suplico-lhes, não acrescentem ao seu sofrimento eterno serem um lobo em pele de cordeiro. Mostrem o casco fendido; não escondam isso. Se vocês pretendem ir para o inferno, digam isso. "Se Deus é Deus, servi-o; se Baal é Deus, servi-o". Não sirva a Baal e depois finja estar servindo a Deus.

Outra conclusão prática: se Deus vê e sabe de tudo, como isso deve fazer você tremer – você que viveu em pecado por muitos anos! Conheci um homem que certa vez foi impedido de praticar o pecado pelo fato de haver um gato na sala. Ele não podia suportar nem mesmo os olhos daquela pobre criatura em vê-lo. Oh! Gostaria que você pudesse carregar com você a lembrança daqueles olhos que estão sempre sobre você. Blasfemador! Você conseguiria blasfemar se pudesse ver os olhos de Deus olhando você? Ladrão! Bêbado! Prostituta! Vocês poderiam se entregar a seus pecados se vissem os olhos dele sobre vocês? Oh! Acho que eles iriam assustá-lo e ordenar-lhe que fizesse uma pausa antes de se rebelar contra sua lei aos olhos do próprio Deus. Conta-se uma história da Guerra de Independência norte-americana: um dos prisioneiros levados pelos norte-americanos foi submetido a uma tortura do mais refinado caráter. Ele conta: "Fui colocado em uma masmorra estreita; eu estava confortavelmente abastecido com tudo de que precisava, mas havia uma fenda redonda na parede e, através dela, tanto de noite como de dia, um soldado sempre olhava para mim". Ele diz: "Eu não conseguia descansar, não conseguia comer, nem beber, nem fazer nada com conforto porque sempre havia aquele olho – um olho que parecia nunca ser desviado e nunca fechado – sempre me seguindo por aquele pequeno local. Nada jamais ficava escondido dele". Agora, pegue para você essa imagem. Lembre-se de que essa é a sua posição; vocês estão encerrados pelas estreitas paredes do tempo, quando comem e quando bebem, quando se levantam e quando se deitam em suas camas; quando vocês caminham pelas ruas, ou quando vocês se sentam em casa, aqueles olhos estão sempre fixos em vocês. Vão para casa agora e pequem contra Deus se tiverem coragem; vão para casa agora e transgridam suas leis na face dele e despreze-o, e considerem-no como nada! Apressem-se em sua própria destruição; lancem-se contra o escudo do SENHOR e destruam-se sobre a própria espada dele! Ou melhor, ao contrário, "convertei-vos, convertei-vos". Convertam-se vocês que seguem os caminhos do pecado, convertam-se a Cristo e vivam; e então a mesma onisciência que agora é o seu horror, será o seu prazer. Pecador! Se orar agora, Ele o vê; se chorar agora, Ele o vê. "Vinha ele ainda longe, quando seu pai o avistou, e, compadecido dele, correndo, o abraçou, e beijou." Assim será contigo, se agora você se voltar a Deus e crer em seu Filho Jesus Cristo.

Pregação ministrada em 14 de fevereiro de 1858 no The Music Hall, Royal Surrey Gardens.

2

CONFIANÇA EM DEUS: A VERDADEIRA SABEDORIA

"O que atenta prudentemente para o assunto achará o bem, e o que confia no SENHOR será bem-aventurado."
Provérbios 16:20 (Almeida Corrigida e Fiel)

A SABEDORIA é o verdadeiro caminho do ser humano, aquilo que o capacita a realizar a finalidade de seu ser da melhor maneira e que, portanto, proporciona a ele a mais rica satisfação e o mais completo âmbito de aplicação a todas as suas capacidades. A sabedoria é a bússola pela qual o ser humano deve se guiar ao longo do deserto sem trilhas da vida. Sem sabedoria, o ser humano é como o filhote do asno selvagem: ele corre de um lado para outro, desperdiçando forças que poderiam ser empregadas com proveito. Sem sabedoria, o ser humano pode ser comparado a um solo não cultivado, que pode render algumas belas flores, mas nunca pode produzir uma colheita que retribua o trabalho do ceifeiro, ou mesmo o esforço do respigador. Dê ao ser humano sabedoria, sabedoria no verdadeiro sentido do termo, e ele ascenderá a toda a dignidade que é possível ao gênero humano conhecer; ele se torna um companheiro adequado para os anjos, e entre ele e Deus não há outra criatura; ele está ao lado do Eterno porque Cristo adotou a natureza humana e, assim, ligou a humanidade à divindade. Mas onde deve ser encontrada essa sabedoria? Muitos supuseram tê-la encontrado, mas não a possuíram. Onde devemos encontrá-la? Valeria a pena escavar as entranhas da terra, escalar as alturas do céu, atravessar os desertos, arar o mar, voar pelos campos ilimitados de éter – tudo seria muito pouco se, por fim, pudéssemos encontrar esta coisa preciosa. Mas

> O abismo diz: Ela não está em mim;
> e o mar diz: Não está comigo.
> Não se dá por ela ouro fino,
> nem se pesa prata em câmbio dela.
> O seu valor não se pode avaliar pelo ouro de Ofir,
> nem pelo precioso ônix, nem pela safira.
> O ouro não se iguala a ela, nem o cristal;
> ela não se trocará por joia de ouro fino;
> ela faz esquecer o coral e o cristal;
> a aquisição da sabedoria é melhor que a das pérolas.
> Não se lhe igualará o topázio da Etiópia,
> nem se pode avaliar por ouro puro.
> Donde, pois, vem a sabedoria,
> e onde está o lugar do entendimento?
> Está encoberta aos olhos de todo vivente
> e oculta às aves do céu.

O abismo e a morte dizem:
"Ouvimos com os nossos ouvidos a sua fama".
Deus lhe entende o caminho,
e ele é quem sabe o seu lugar (Jó 28.12-23).

Ouçamos então a voz do Senhor, pois Ele manifestou o segredo; Ele revelou aos seres humanos onde reside a verdadeira sabedoria, e temos isto no texto: "O que confia no Senhor será bem-aventurado"; e essa frase é colocada juntamente com outra que nos ensina esta verdade, que atentar prudentemente para um assunto é achar o bem, e a verdadeira maneira de atentar prudentemente para um assunto é confiar em Deus. Esse é o método curto e breve de escapar das maiores dificuldades: essa é a resposta para os enigmas mais intrincados; essa é a alavanca que levantará os pesos mais gigantescos. O que confia no Senhor descobriu a maneira de atentar prudentemente para os assuntos, e esse será bem-aventurado.

Com a ajuda de Deus, usarei o texto esta manhã de duas maneiras. Primeiro, devemos aplicá-lo ao *atentar prudentemente para os assuntos que dizem respeito ao tempo e ao estado presente*; e, em segundo lugar, com respeito a *atentar prudentemente para os assuntos da eternidade relacionados ao nosso destino além da morte, e nos esforçamos para mostrar como confiar no Senhor é atentar prudentemente para esse assunto.*

I

Em primeiro lugar, meus queridos amigos, com relação a *atentar prudentemente para os assuntos que dizem respeito aos nossos corpos e almas, enquanto estamos aqui embaixo.*

Deve-se ser prudente em um mundo como este. A pessoa logo cortará os pés se não decidir onde pisa. Ela logo rasgará suas vestes com espinhos e sarças se não escolher seu caminho. Esta é uma terra cheia de inimigos; devemos ser sábios, ou de repente a flecha encontrará um lugar vulnerável em nossa armadura. Devemos ser cautelosos, pois não estamos viajando ao meio-dia na estrada real,[1] mas sim ao cair da noite, e podemos, portanto, ser atacados por ladrões e perder nossos preciosos tesouros. Aquele que está em um lugar ermo, e em um lugar ermo infestado de bandos de ladrões, deve atentar prudentemente para isso se quiser achar o bem.

Como devemos atentar prudentemente para esses assuntos? Três ou quatro pontos se apresentam para nos instruir, e o primeiro ensinamento é aquele que Satanás frequentemente dá ao espírito jovem e tolo. Ele diz: "Atentar prudentemente para o assunto é *fazer da sua própria vontade a sua lei*, e fazer o que parece ser o melhor para você, seja certo, seja errado". Esse foi o ensinamento que ele deu a Eva quando, na forma de serpente, disse: "Sereis como deuses. Desconfie da bondade de seu Criador; acredite que Ele tem medo de que você alcance poder e dignidade iguais aos dele. Pegue a fruta. É verdade que Ele proibiu, mas quem é o Senhor para que obedeça a sua voz? É verdade que Ele ameaça punir, mas não acredite na ameaça, ou, caso acredite, atreva-se. Aquele que não pode arriscar nada, nunca vencerá. Aquele que não se aventurar, nunca terá grandes ganhos. Vá em frente e se atreva, e você estará atentando prudentemente para esse assunto". Ela colheu a fruta e no instante seguinte deve ter percebido um pouco de sua loucura; mas antes

---

[1] Uma estrada principal, bem estruturada e muitas vezes, com guardas.

que muitas horas se passassem, sua nudez descoberta, as dores no corpo, o cansaço, o trabalho duro, a expulsão do Paraíso e o cultivar uma terra árdua e espinhosa ensinaram ao ser humano que ele não havia atentado prudentemente para o assunto, pois não tinha achado o bem. E vocês também, filhos e filhas de Eva, quando a antiga serpente sussurra em seus ouvidos: "Pequem, e vocês irão se livrar das adversidades; sejam justos quando puderem se dar ao luxo de ser assim, mas se não conseguirem viver exceto pela desonestidade, sejam desonestos; se vocês não conseguem prosperar exceto por meio de mentiras, então mintam" – ó caros, não deem ouvidos à voz dela, eu lhes peço. Deem ouvidos a uma sabedoria melhor do que essa. Essa é uma mentira que irá destruí-los; vocês não acharão nenhum bem, mas acharão muitos males; vocês semearão ventos e cegarão tormentas. Vocês pensam que mergulham nessas profundezas em busca de pérolas, mas as rochas pontiagudas os destruirão, e das águas profundas vocês nunca subirão, apenas seus cadáveres sem vida boiarão na superfície das ondas pestilentas. Sejam sábios e aprendam de Deus, fechem seus ouvidos àquele que deseja que vocês destruam a si mesmos para que ele possa vangloriar seu espírito maléfico pelo seu sofrimento eterno. Irmãos, nunca é prudente pecar. Nunca! Por mais que *pareça* a melhor coisa que se possa fazer, sempre será a pior. Nunca houve alguém em tal posição a quem fosse realmente lucrativo pecar. "Mas algumas pessoas se tornaram ricas com isso!", você diz. Queridos, elas sofreram com suas riquezas; elas herdaram a devastadora maldição de Deus e, portanto, têm sido realmente mais pobres do que a pobreza poderia tê-las tornado. "Mas pessoas subiram ao trono quebrando seus juramentos", você diz. Eu sei que elas fizeram isso; mas o sucesso temporário não é um sinal seguro de felicidade constante; o reinado do imperador ainda não terminou; esperem com paciência; mas se ele escapar nesta vida, aquele que cometeu perjúrio encontrará seu Juiz, e então já podemos antever o final. Aquele que mede o que alguém ganha pelo que parece ganhar, adotou um padrão errado. Nunca houve, repito, nunca houve alguém que faltasse com sua palavra, que quebrasse seu juramento, que se desviasse da Palavra de Deus ou de sua lei, e que no final considerasse tais coisas proveitosas para si. Ele amontoou mentiras, reuniu delírios, e quando tal pessoa acordou, ou foi despertada por Deus, como de um sonho quando alguém acorda, assim ele desprezou, ou desprezará, a imagem a qual sua alma havia amado tanto.

Agora, contudo, a serpente modera seu sibilar. "Não peque", diz ela; "não há necessidade de desonestidade ou furto; não mergulhe completamente no vício, mas seja sábio", diz ela, com o que quer dizer: "*Seja astuto*; ajuste suas velas quando o vento mudar; como você pode chegar ao seu porto se não aprender a navegar? A estrada reta é espinhosa; pegue o atalho; haverá outro caminho que o trará de volta ao principal depois que os espinhos e as pedras pontudas ficarem para trás". "Por que", diz ela, "você baterá sua cabeça contra uma pedra? Se houver uma montanha em seu caminho, por que não contornar a base; por que escalar o cume? Não ensina a sabedoria que o que é mais fácil deve ser o melhor, e o que é mais consistente com os ditames de sua própria natureza deve ser o melhor para você, afinal?" Ah! Serpente viscosa! Ah! Enganadora vil, quantas multidões foram assim enganadas! Por que, irmãos, não temos em nossos postos elevados mais pessoas em quem possamos confiar? É porque a *esperteza* tem sido a lei dos indivíduos, e a lei das nações também, em vez daquele procedimento de honestidade que é como o voo da flecha, certo e seguro de atingir seu alvo, não por sinuosidades tortuosas, mas por uma linha reta para a frente. Por que as pessoas perguntam com tanta frequência o que devem fazer em dada situação, não querendo dizer o que a lei de Deus deseja que façam, mas o que trará o melhor resultado? As regras da astúcia moderna e da moralidade que serve seu tempo são difíceis porque são inconsistentes, mas a honestidade é simples e clara como a luz do sol. Demoram-se anos para um advogado se tornar sagaz, mas a graça pode fazer em uma hora uma pessoa se tornar honesta. Irmãos, acreditem em mim, *esperteza* não é *sabedoria* e astúcia não é entendimento. Deixe-me apresentar a vocês o caso de outra mulher: Rebeca. Ela ouviu que Deus havia decretado que seu filho favorito, Jacó, deveria ser quem seria servido entre os dois irmãos. "O mais velho servirá ao mais moço." Ela não podia esperar pela providência divina para cumprir o propósito de Deus, mas precisava enganar seu marido cego. Ela veste seu filho com peles de cabras e com lã, providencia uma carne saborosa e envia Jacó que era, embora um homem bom, a própria personificação de um mestre da esperteza e da sagacidade, para encontrar seu pai e enganá-lo. Ah! Se Rebeca tivesse sido sábia, ela não teria feito isso. Ela não conseguiu prever que o efeito desse estratagema seria afastar seu filho favorito de sua mãe carinhosa, dar-lhe anos de trabalho árduo sob Labão, fazer com que ele cometesse o grande erro de sua vida – cometendo o erro da poligamia – e torná-lo um homem muito mais aflito do que teria sido se fosse como Abraão ou Isaque, que não se estribou em seu próprio entendimento, mas confiou em Deus de todo o seu coração. Irmãos, em nenhum caso vocês descobrirão que desviar-se de um caminho reto será para o seu proveito. Afinal, vocês podem estar certos de que a maneira de serem mais notórios entre as pessoas é ter a estranha particularidade de ser alguém totalmente honesto. Seja sincero e verdadeiro no que diz. Faça o que você acredita ser certo e sempre mantenha a máxima de que se os céus desmoronarem sobre o seu reto proceder, os honestos sobreviverão à destruição. Como pode o santo pecar? Se a terra vacilar, ele cairá? Não, bendito seja Deus, ele deve se achar na posição de honra de Davi, na antiguidade, quando disse: "Dissolve-se a terra e todos os seus moradores, mas eu fortaleci as suas colunas".

Mas agora a serpente muda de tom e diz: "Bem, se você não é pecador ou astuto de nenhum modo, para ter sucesso na vida você deve ser muito *cuidadoso*. Você deve se afligir, se preocupar e pensar muito sobre isso; essa é a maneira de atentar prudentemente para o assunto. Pois veja quantos estão arruinados por falta de consideração e de cuidado. Tenha cuidado com isso! Levante-se de madrugada, vá dormir tarde, e coma o pão que conseguiu com todo seu cuidado. Prive-se; negue-se a si mesmo. Não dê aos pobres; seja um avarento e você terá sucesso. Tenha cuidado; preste atenção; seja cauteloso". E este é o caminho da sabedoria de acordo com a serpente. Meus irmãos, é um caminho que muitos tentaram, muitos perseveraram nele por toda a vida, mas devo dizer a vocês que, no fim, isso não é atentar prudentemente para o assunto. Deus nos livre de dizer uma única palavra contra a prudência e o cuidado, e a precaução, a diligência e a providência necessárias. Essas são virtudes; elas não são apenas recomendáveis, mas o caráter do cristão seria lamentavelmente culpado se não as tivesse. Mas quando estas são vistas como os alicerces, os materiais básicos do sucesso, os seres humanos estão desesperadamente errados. Nesse sentido, é vão levantar-se de madrugada, ir dormir tarde e comer o pão que conseguiu com todo seu cuidado, pois "aos seus amados Ele o dá enquanto dormem". Oh! Muitos perceberam aquela imagem do antigo cuidado, que o velho Spenser dá em seu poema *A rainha das fadas*:[2]

> Grosseira era sua vestimenta, e em farrapos toda rasgada;
> Muito melhor teria ele, mas não por mais bem cuidada;
> Com as mãos empoladas, entre as cinzas queimadas,
> E dedos imundos, com incomparáveis unhas compridas,
>
> Adequados para a comida rasgar antes de comer:
> Seu nome era Cuidado: um ferreiro de profissão,
> Que nem o dia, nem a noite pouparam do trabalho,
> Mas para pequenos fins, cunhas de ferro fez:
> Àqueles pensamentos inquietos que invadem mentes cheias
> de preocupações.

Quem deseja que essa imagem se torne realidade? Eu preferiria infinitamente que pudéssemos ser retratados como se fôssemos o pássaro de Lutero, que comia na árvore e cantava,

> "Homem mortal, cessa de preocupação e tristeza,
> Deus proverá para o amanhã."

Observe que o cuidado é bom se for um cuidado saudável; mas o cuidado é mau quando vem a ser um cuidado nocivo, e é um

---

[2] *The Faerie Queene*, em inglês, é um poema épico alegórico da década de 1590, do escritor inglês Edmund Spenser.

cuidado nocivo se eu não ousar lançá-lo sobre aquele que cuida de mim. Charles Caleb Colton[3] bem disse sobre os vermes cobiçosos:

> Depois dos hipócritas, os maiores tolos que o Diabo possui são aqueles que exaurem uma existência ansiosa nas decepções e nos aborrecimentos dos negócios, e vivem de modo miserável e mesquinho, apenas para morrerem magnificamente e ricos. Pois, como os hipócritas, a única atitude desinteressada da qual tais pessoas podem se acusar é a de servir ao Diabo sem receber seu salário: aquela pessoa que fica todos os dias de sua vida atrás de um balcão até que caia dele na sepultura pode fazer muitas transações bastante lucrativas; mas ela fez uma única ruim, tão ruim que contrabalanceia todo o resto: pela loucura de morrer rica, ela pagou aos poucos com sua saúde, sua felicidade e sua integridade.

Mais uma vez, existe outra maneira de atentar prudentemente para o assunto, que é frequentemente sugerida aos jovens, e muito sugerida, sinto dizer, por cristãos que pouco sabem que estão dando conselhos satânicos. "Bem, jovem", dizem, "se você não for extremamente cuidadoso e não vigiar noite e dia, pelo menos seja *autossuficiente*. Saia e diga ao mundo que você é páreo para ele, e que você sabe disso; que você pretende abrir seu caminho para a glória, e construir ainda para si um edifício que as pessoas terão que contemplar. Diga às pessoas insignificantes ao seu redor: 'Pretendo

---
[3] Charles Caleb Colton (1777-1832) foi um clérigo e escritor inglês. Essa citação é de seu livro de pensamentos *Lacon, or Many Things in Few Words, addressed to those who think* [Lacão, ou muitas coisas em poucas palavras, direcionado àqueles que pensam], parte CCLXXVIII.

elevar-me acima de todos vocês e avançar neste mundo estreito como um gigante'. Sejam jovens independentes. Confiem em vocês mesmos. Existe algo maravilhoso em vocês; ajam como pessoas maduras; sejam fortes". Bem irmãos, há muitos que tentaram essa autossuficiência, e seu engano neste caso também foi terrível, pois quando o dia da prova de fogo chegou, eles descobriram que é "maldito o homem que confia no homem" – embora esse homem seja ele mesmo – "e faz da carne mortal o seu braço" – embora seja sua própria carne. Quebrados em pedaços, eles foram deixados como destroços de um naufrágio na areia, embora tenham navegado alegremente para fora do porto com todas as suas velas cheias de vento. Eles voltaram como cavaleiros sem cavalos e sem honra, embora tenham saído com sua lança na mão e com seu pendão orgulhosamente exibido, com a intenção de impelir toda a terra diante deles. Ninguém foi tão enganado por outros quanto por si mesmo. Esteja avisado, cristão, que isso não é atentar prudentemente para o assunto.

Mas qual é então o caminho da prudência ou da sabedoria? O texto responde à pergunta: "O que confia no Senhor será bem-aventurado". Portanto, se entendi bem o texto, se aprendermos a confiar em Deus nas coisas terrenas, seremos bem-aventurados. Não devemos ficar ociosos, pois isso mostra que não confiamos em Deus, que está ativo até agora, mas no Diabo, que é o pai da ociosidade. Não devemos ser atrevidos e imprudentes, assim confiando no acaso, e não em Deus, pois Deus é um Deus de moderação e ordem. Devemos confiar em Deus; agindo com toda sensatez e retidão, devemos confiar simples e inteiramente nele. Ora, não tenho dúvidas de que muitos aqui dizem: "Bem, essa não é a maneira de progredir no mundo; simplesmente confiar em Deus nunca pode ser o caminho do sucesso". Sim, mas é assim, apenas deve-se ter graça no coração para fazer isso. Deve-se primeiro ser feito filho de Deus, e então pode-se confiar seus compromissos nas mãos de seu Pai; deve-se vir a depender do Eterno, porque o Eterno o capacitou a usar esta graça cristã que é fruto do Espírito Santo. Estou convencido de que a fé é a regra tanto da vida terrena quanto da espiritual, e que devemos ter fé em Deus tanto para nossos empreendimentos quanto para nossa alma. Pessoas mundanas podem zombar disso, mas mesmo assim isso é verdade; de qualquer forma, oro para que esse seja o meu proceder enquanto eu viver.

Meus queridos amigos, permitam-me recomendar-lhes uma vida de confiança em Deus nas coisas terrenas, por conta dessas poucas vantagens que irei lhes dizer, entre muitas outras. Primeiro, ao confiar em Deus, você não terá que lamentar porque usou meios pecaminosos para enriquecer. Se você se tornar pobre por causa disso, é melhor ser pobre com a consciência limpa do que ser rico e culpado. Você terá sempre este conforto, caso chegue à posição mais inferior da natureza, de que não chegou lá por culpa própria. Você serviu a Deus com integridade, e se alguém disser que você errou seu alvo e não alcançou o sucesso, pelo menos não haverá pecado em sua consciência.

E mais uma vez, ao confiar em Deus, você não será culpado de autocontradição. Quem confia na astúcia move-se para um lado hoje e para outro amanhã, como um barco movido pelo vento inconstante; mas aquele que confia no Senhor é como um barco movido a vapor: ele corta as ondas, desafia o vento e faz uma trilha prateada brilhante até o porto desejado. Seja você uma pessoa tal que nunca se curva aos diversos costumes da sabedoria desse mundo. Que as pessoas vejam que o mundo mudou, não você – que as opiniões e os princípios humanos mudaram para outro lado, mas que você ainda é invencivelmente forte na força que confiar somente em Deus pode conferir. E então, queridos irmãos, deixe-me dizer que vocês ficarão livres de cuidados que atormentam; vocês não serão incomodados com más notícias; seu coração será firme, confiando no Senhor. Eu li a história de um antigo Doutor da Igreja[4] que, saindo certa manhã, encontrou um mendigo e disse-lhe:

— Desejo-lhe um bom dia.

— Senhor, disse ele, nunca tive um dia ruim em minha vida.

— Mas — disse o Doutor — suas roupas estão rasgadas e sua carteira parece estar extremamente vazia.

Disse ele:

— Minhas roupas são tão boas quanto Deus quer que sejam, e minha carteira está tão cheia quanto agradou ao Senhor fazê-la, e o que lhe agrada, me agrada.

— Mas — disse o Doutor — e se Deus quiser lançá-lo no inferno?

— Que seja, senhor! — disse ele — mas isso nunca aconteceria; mas se assim fosse, eu ficaria contente, pois tenho dois braços longos e fortes: a fé e o amor, e os jogaria ao redor do pescoço de meu Salvador, e nunca o deixaria ir, para que se eu fosse para lá, Ele iria estar comigo, e lá seria um paraíso para mim.

---

[4] Título conferido pela Igreja Antiga a indivíduos de reconhecida importância, particularmente nos campos da teologia ou doutrina católica por suas pesquisas, estudo e escritos.

Oh, esses dois braços fortes da fé e do amor! Se você puder apenas se pendurar no pescoço do Salvador, de fato, você não pode temer o mau tempo. Não temerei nenhum naufrágio fatal, pois Cristo está em meu barco, ele segura o leme e também segura os ventos.

> Embora ventos e ondas assaltem minha quilha,
> Ele a preserva, e a conduz,
> Mesmo quando a nau parece mais cambalear.
> Tempestades são os triunfos de sua habilidade,
> Claro que Ele pode os olhos fechar, mas não seu coração.

A lição prática de tudo isso é: "Confia no Senhor de todo o teu coração e não te estribes no teu próprio entendimento". Seja qual for o seu problema, leve-o a Deus nesta manhã; não o carregue até a noite. Quaisquer que sejam suas dificuldades e divagações particulares, diga-as ao Senhor seu Deus. Ele tanto é capaz quanto disposto a ajudar, e tanto disposto quanto capaz; após enviar a provação, Ele certamente criará uma maneira para você escapar.

II

Mas agora, passo para a segunda parte de nossa pregação. *Em assuntos espirituais, o que atenta prudentemente para o assunto achará o bem.*

Mas qual é a maneira correta de atentar para esse assunto aterrador que se interpõe entre nossa alma e Deus? Temos espíritos imortais e que possuem responsabilidade. O dia do julgamento se aproxima, e com ele a felicidade do céu ou o tormento do inferno.

O que, meus irmãos, devemos fazer para atentar prudentemente para esse assunto? E aí vem a antiga serpente de novo e diz: "Jovem, a maneira mais fácil de atentar para esse assunto é deixá-lo em paz; você ainda é jovem, há muito tempo – por que colocar preocupações de pessoas velhas em jovens? Você irá querer muito pensar em religião em breve, mas no momento, perceba, é algo que o atrapalhará. Melhor deixar pra lá; são apenas esses ministros da Igreja que procuram deixá-lo pensativo, mas eles apenas o incomodam e o perturbam, então esqueça disso. Você pode pensar nisso se houver algo para se pensar no futuro; mas, por enquanto, alegre-se na sua juventude e que a sua alegria seja pela manhã dos teus dias, porque os dias maus vêm, e então, que a sua inquietação venha com eles".

Bem, jovem, afinal, isso lhe parece o proceder mais prudente? Vou lhe dizer uma coisa: não importa o que você possa pensar, um proceder como esse é o caminho direto para o inferno. Você conhece o caminho para o céu? Bem, podemos demorar um pouco para contar-lhe sobre ele, mas se você quiser ir para o inferno, nós lhe diremos em um momento. Você não precisa xingar, não precisa ser um bêbado, não precisa se tornar um monstro de iniquidade ou um demônio da crueldade. Não, não, é mais fácil do que isso. É só uma questão de negligência, apenas isso, e sua alma está perdida por certo. Lembre-se de como o apóstolo coloca isso: "Como escaparemos nós, se negligenciarmos tão grande salvação?". Agora, aquele que é o caminho mais seguro para o inferno pode ser um caminho prudente? Acho que posso deixar isso com a sua razão, e certamente posso deixar com a sua consciência. Você sabe que não é o caminho certo, não é? E eu percebi isto: que as pessoas que mais riem da religião quando estão bem e são as mais despreocupadas são as que ficam mais assustadas quando sofrem um pequeno revés. Se elas ficam um pouco doentes, como se sentem mal! É uma coisa terrível para elas estarem doentes, elas sabem disso, e ficam terrivelmente abaladas, e o mais estranho é que o pastor que elas mais odiavam quando estavam bem, torna-se a mesma pessoa em quem elas têm mais fé, e mais desejam ver quando ficam doentes. Eu sei que quando a cólera apareceu pela última vez, havia um certo homem para quem nenhuma palavra na língua inglesa poderia ser encontrada que fosse ruim o suficiente para me descrever, e na cólera, quando ele estava doente, quem deveria ser chamado? O clérigo da paróquia? Claro que não! Quem deve ser chamado? Algum pastor de boa reputação? Não! Chamem o homem a quem ele amaldiçoou antes; e até que aquele homem viesse e falasse com ele, e fizesse uma oração, ele não poderia nem mesmo ter esperança – embora, infelizmente, temo que aquela pobre alma não teve esperança apesar disso. Mesmo assim, Deus honrará seus ministros e provará a total futilidade do ser humano se gabar e se orgulhar. Você pode ser despreocupado, caro, enquanto está bem, e pode negligenciar esta grande salvação, mas um pouco de doença o fará tremer e seus joelhos vacilarão, e você se agitará de agonia e descobrirá que isso não é atentar prudentemente para o assunto. Você é como alguém falido que sabe que suas contas estão indo mal e teme que esteja insolvente; ele não olha seus livros-caixa; não gosta de olhá-los porque não tem uma leitura muito agradável; pode haver algumas entradas, mas a maioria dos registros está do outro lado e, desse modo, finalmente, ele não mantém mais nenhum livro; seria incômodo para ele saber como estaria. Assim é com você. É porque as coisas não estão certas que você não gosta de examiná-las e pô-las à prova para não descobrir a realidade sombria. Seja sábio, eu lhe peço, e enxergue um pouco além de você mesmo. Por que fechar seus olhos e perecer? Caro, eu o ordeno pelo Deus vivo: desperte, ou o inferno o despertará; olhe, ou a eternidade em breve o surpreenderá.

Satanás, no entanto, chega a alguns e diz: "Se você não for despreocupado, a próxima coisa mais fácil a acontecer é ser crédulo". Ele diz: "Há um homem ali com a cabeça raspada[5] que diz que cuidaria disso para você. Ora, *ele* deve saber o que fazer. Ele não pertence a uma Igreja que tem um líder infalível?[6] Entregue-se aos cuidados dele", diz Satanás, "e tudo ficará bem". Ou, diz ele, "Eu odeio o papado; mas há um clérigo; deixe-o dar-lhe o sacramento; confie nele e estará tudo assegurado". Ou, diz ele, "Se você pudesse apenas filiar-se à Igreja e ser batizado; isso! Isso servirá – dê como certo que está tudo bem. Por que você deveria se preocupar com disputas teológicas? Deixe essas coisas quietas; seja crédulo, não investigue a raiz da questão; fique contente, contanto que você nade na superfície e não se importe se há rochas no fundo do mar". É assim, é assim que se atenta prudentemente para este assunto? Claro que não, caro. É melhor confiar sua propriedade a um advogado do que confiar sua alma a um padre. Melhor entregar sua bolsa a um ladrão de estrada do que entregar sua alma a um padre romano. O que ele fará por você, senão ganhar dinheiro com você, mas sua alma pode ficar sem um centavo por ele. Assim será com o melhor dos seres humanos, se você fizer deles salvadores. Vá, apoie-se em algo fraco; vá, construa um trono de bolhas; vá dormir em um paiol

---

[5] A tonsura é um corte de cabelo feito por certas ordens religiosas, como de alguns monges católicos.
[6] A Igreja Católica Romana. O líder é o Papa.

com sua vela acesa em um saco de pólvora; mas não confie sua alma nem mesmo a alguém bom. Cuide para que você atente prudentemente para esse assunto, e você não conseguirá agir assim.

"Está bem!", diz Satanás, "se isso não for suficiente, então experimente o caminho de operar a sua própria salvação com temor e tremor. Faça o bem", diz ele, "faça muitas orações, realize muitas boas obras, e isso é atentar prudentemente para o assunto". Agora, vou levá-lo à Suíça por um minuto para ilustrar algo para você. Havia uma mulher pobre que vivia em uma daquelas agradáveis vilazinhas ao pé dos Alpes, onde as fontes estão sempre despejando seus rios em grandes tanques de pedra, e os enormes telhados pontudos cobrem as casas dos camponeses. Ela estava acostumada a subir a montanha para coletar forragem para suas vacas, e ela havia conduzido suas cabras para os penhascos selvagens e lugares ermos, onde nenhum som é ouvido, exceto o tilintar do sino. Ela, uma boa alma, não havia lido nada além da Bíblia, e seus sonhos e pensamentos eram todos de coisas celestiais, e ela sonhou que estava caminhando por uma campina plana onde havia muitas flores bonitas e muita grama macia. O caminho era liso e havia milhares de pessoas ziguezagueando ao longo dele, mas não prestavam atenção nela; ela parecia sozinha. De repente, passou por ela o pensamento de que aquele era o caminho para a destruição; e aqueles eram pecadores egoístas; ela procurou outro caminho, pois temia ser condenada. Ela viu um caminho ao longo da encosta da montanha extremamente íngreme e acidentado, como são os caminhos de montanha, mas lá em cima ela viu homens e mulheres carregando fardos enormes, como alguns de nós os vimos carregar, até que se curvem sob o peso tremendo enquanto sobem a escada de pedra. Aqui havia uma árvore do outro lado da estrada, e ali uma amoreira-silvestre, e ali um riacho jorrava pela encosta da montanha, e o caminho estava forrado de pedras, e ela escorregou. Então ela voltou a se desviar, mas aqueles que subiam a colina olharam para ela com tanta tristeza que ela se virou novamente e começou a subir mais uma vez, mas apenas para encontrar o caminho difícil e impossível. Ela se virou de novo para a campina verde, mas os que subiam pareciam estar muito tristes, mas embora tivessem pena dela, ela não tinha pena deles, pois seu trabalho árduo os deixava molhados de suor e desmaiavam de fadiga. Ela sonhou que ia ao longo da campina verde até chegar a uma bela casa, da qual olhou um espírito brilhante. O lado da casa onde ela estava era todo de janelas sem porta, e o espírito disse-lhe:

— Você veio pelo caminho errado, você não pode entrar por aqui, aqui não há entrada.

E ela acordou.

Ela contou este sonho a uma mulher cristã que a visitou, e ela disse:

— Estou muito aflita porque eu sei que não posso subir por aquele caminho da montanha. Entendo que para ser o caminho da santidade, não posso escalá-lo, e temo que escolherei a campina verde, e quando finalmente chegar aos portões do céu, eles me dirão que esse não é o caminho e eu não poderei entrar lá.

Então, sua gentil instrutora lhe disse:

— Eu não sonhei, mas li na minha Bíblia esta manhã que um dia, quando o milho estava amadurecendo e o sol brilhava forte, saíram três homens de uma cidade chamada Jerusalém: um deles era o Salvador do mundo e os outros dois eram ladrões. Um deles, pendurado na cruz, encontrou o caminho para a brilhante cidade do céu; e foi dito: "Hoje estarás comigo no paraíso". Você acredita que ele subiu aquele caminho acidentado?

— Não, disse a pobre mulher, ele creu e foi salvo.

— Ah, disse a amiga, e este é o seu caminho para o céu. Esse caminho montanhoso você não pode escalar; aqueles que o subiram com tanto trabalho pereceram antes de chegar ao cume, cambaleando de uma altura vertiginosa, foram despedaçados em alguma rocha pontiaguda. Creia, e este será o caminho da salvação para você.

E assim, vou eu até a pobre alma e digo: se quer atentar para o assunto corretamente, bem-aventurado será o que confia no Senhor. Você fez a coisa certa para a eternidade, com todas as suas solenidades, quando você lançou sua alma como ela é sobre aquele que "pode salvar totalmente os que por ele se chegam a Deus".

E deixe-me agora dizer quais são as excelências em fazer isso. Aquele que crê em Cristo e pode dizer: "A salvação está consumada; tudo é de Cristo e tudo é de graça; minha fé está em Jesus Cristo e somente nele" – tal pessoa está livre de medos; ela não tem medo de morrer: Cristo consumou a obra por ela; ela não tem medo de viver, ela não perecerá, porque a sua alma está em Jesus Cristo: e ela não tem medo da provação, nem da angústia, por causa daquele que a comprou com o seu sangue, e a guardará com seu braço. Ela está livre de medos presentes e também está livre de cuidados presentes. Ela não tem necessidade de labutar e trabalhar, de se preocupar e se esforçar, para fazer isso ou aquilo. Ela não sente mais o chicote do capataz de escravos em suas costas; sua vida é feliz e seu serviço é leve, o jugo que ela leva, ela mal sabe ser um jugo, a estrada é agradável e o caminho é de paz – não há como subir, exceto quando as mãos de anjos a ajudam a subir a estrada que do contrário nenhum pé mortal poderia atravessar. Ela também está livre de toda ilusão fatal. Ela não é uma pessoa enganada, ela nunca abrirá os olhos e se verá enganada; ela tem algo que durará para ela tanto quanto a vida durar, que estará com ela quando acordar de seu leito de barro para conduzi-la alegremente aos reinos de luz e a dias sem fim. Essa pessoa é tal que, se eu a comparasse com os próprios anjos, não estaria errado. Ela está na terra, mas seu coração está no céu; ela está aqui embaixo, mas ainda assim se senta junto com Cristo nos lugares celestiais; ela tem seus problemas, mas eles operam seu bem duradouro; ela tem suas provações, mas elas são apenas as precursoras da vitória; ela tem fraqueza, mas se gloria na debilidade porque o poder de Cristo repousa sobre ela; ela às vezes é derrubada, mas não é destruída; ela está perplexa, não está desesperada; ela não se rasteja, mas anda de cabeça erguida; seu pé pode estar na lama, mas seus olhos estão acima das estrelas; seu corpo pode estar coberto de trapos, mas sua alma está vestida de luz; ela pode ir para uma horrível cama dura para encontrar um descanso turbulento, mas sua alma dorme no colo de seu Amado, e ela tem uma paz perfeita, "e a paz de Deus, que excede todo o entendimento, guardará o vosso coração e a vossa mente em Cristo Jesus".

Cristãos, gostaria que vocês e eu pudéssemos acreditar mais em Deus e nos livrar desses nossos medos perversos.

Pai misericordioso, hoje lanço tudo o que tenho sobre ti, e tudo o que não tenho também gostaria de lançar sobre ti. Minhas preocupações, minhas tristezas, meus trabalhos, minhas alegrias, meu presente, meu passado, meu futuro – toma e controla tudo. Eu não serei nada, sê tudo.

> Ó Deus, lanço meu cuidado sobre ti,
> Eu triunfo e adoro,
> Doravante minha principal preocupação será
> Amar e servir-te mais.

Irmãos, crentes em Jesus, façam o mesmo e descobrirão que bem-aventurado é aquele que confia no Senhor. Quanto a vocês que não temem o Senhor Jesus: que o Espírito Santo dele os visite esta manhã, que Ele os vivifique, pois estão mortos no pecado; que Ele lhes dê poder, pois vocês não têm força em relação a si mesmos. Lembrem-se de que o caminho da salvação é simples e manifesto perante vocês: "Crê no Senhor Jesus Cristo e serás salvo". Confie no sangue de meu Mestre, dependa de sua justiça consumada e você será salvo; você não se poder e não será perdido.

> "Oh, acredite na promessa verdadeira
> Deus a você seu Filho deu."

Dependa de seu Filho, e assim você escapará do inferno e encontrará seu caminho para o céu.

O Senhor acrescente agora sua melhor bênção por amor de Jesus. Amém!

Pregação ministrada em 12 de maio de 1861 no Metropolitan Tabernacle.

3

O AMIGO INCOMPARÁVEL

"O amigo ama em todo o tempo, e para a angústia nasce o irmão."
Provérbios 17:17 (Tradução Brasileira)

Há algo cuja utilidade todos concordam, a saber, a amizade; mas a maioria das pessoas logo se dá conta de que amizades falsas são comuns como folhas que caem no outono. Poucos desfrutam da mais elevada e verdadeira forma de amizade vinda de outros. As amizades deste mundo são vazias, são tão imateriais quanto um sonho, se dissipam tão rapidamente quanto uma bolha, são tão leves quanto uma pluma. Aqueles elogios superficiais, aquelas frases de exaltação vazias, com que rapidez saem da boca, mas tão pouco têm a ver com o coração! Deve ser realmente um tolo quem acredita que não há nada na solidariedade elogiosa senão mera lisonja ou questão formal. O copo compartilhado não significa que se tenha afeição, e um brinde forte e alto não significa que se tem uma amizade sincera. Muitos têm a amizade como algo banal: eles quase poderiam escrever como Horace Walpole[1] faz em uma de suas cartas. Ele diz que encara tudo com muita leveza, e diz: "e se um amigo vier a falecer, eu dirijo até o Café St. James e trago outro para casa", sem dúvida tão cordial e extasiado com o novo amigo quanto com o antigo. Amigos neste mundo são frequentemente como as abelhas que se enxameiam ao redor das plantas enquanto elas estavam cobertas de flores que contêm néctar para seu mel; mas deixe o inverno enviar suas geadas cortantes, as flores morrerem, e suas amigas abelhas as abandonam. O "amigo andorinha"[2] vive conosco durante nosso verão, mas encontra outros amigos no inverno. Sempre foi assim desde a antiguidade até hoje; Aitofel abandonou Davi, e Judas vendeu seu Senhor. Os maiores reis que foram bajulados por seus cortesãos enquanto estavam no poder foram tratados como se fossem apenas cães em sua extrema necessidade; nós podemos, como o poeta das paixões,[3] cantar...

> Dario, grande e bom
> [...]
> Abandonado quando mais precisou,
> Por aqueles que sua antiga generosidade alimentou;
> No chão frio exposto ele jaz,
> Sem nenhum amigo para seus olhos fechar.

---

[1] Horatio ("Horace") Walpole (1717-1797) foi um escritor, intelectual, estudioso de história e história da arte e político inglês.
[2] As andorinhas migram para locais mais quentes no inverno.
[3] John Dryden (1631-1700) foi um poeta, crítico literário, tradutor e dramaturgo Inglês.

De toda amizade que não é baseada em princípios, podemos dizer junto com o profeta: "Pesado foste na balança e achado em falta". Mas existe uma amizade que, de longe, é superior a esta, e ela subsiste entre os cristãos, entre as pessoas de princípio, entre as pessoas de virtude, onde o mero professar ter fé não é tudo, mas onde há um significado real nas palavras que usam. Damão e Pítias[4] ainda têm seus seguidores entre nós; Jônatas e Davi não estão sem seus imitadores. Nem todos os corações são traidores; a fidelidade ainda persiste entre os seres humanos: onde a piedade constrói sua casa, a verdadeira amizade encontra estadia. Salomão, falando não dos falsos amigos do mundo, mas de amigos de fato, disse: "O amigo ama em todo o tempo". Tendo uma vez dado seu coração ao companheiro escolhido, ele se apega em todas as intempéries, boas ou ruins; não o ama menos porque se torna pobre ou porque sua fama é eclipsada, mas sua amizade brilha mais forte como uma lâmpada, ou se torna mais manifesta por causa da escuridão que a cerca. A verdadeira amizade não é alimentada por causa do celeiro ou do lagar de vinho cheios; não é como o arco-íris que dependente da luz do sol, é sólida como uma rocha e firme como o granito, e sorri com altivez ao vento e à tempestade. Se temos alguma amizade, irmãos e irmãs, que seja esta a forma que ela assuma: que estejamos dispostos a ser conduzidos à prova do sábio e, sendo provados, não sejamos achados em falta. "Um amigo ama em todo tempo."

Mas não falarei de modo algum da amizade como a que existe entre as pessoas; prefiro elevar o texto a uma esfera ainda mais alta.

---

[4] Personagens de uma lenda da Grécia clássica sobre a confiança e lealdade entre dois amigos verdadeiros.

Há um amigo, bendito para sempre o seu nome, que ama em todo tempo; há um irmão que, em um sentido categórico, nasceu para a angústia ou a adversidade. Esse amigo é Jesus: o amigo dos pecadores, o amigo dos seres humanos, o irmão de nossas almas, nascido neste mundo para nos socorrer em nossas angústias. Tomarei o texto então e o remeterei ao Senhor Jesus Cristo; e, a menos que o tempo nos falte, irei me remeter a nós mesmos como em conexão com o Senhor Jesus Cristo, mostrando que também devemos amá-lo como Ele nos amou, sempre e em todas as nossas angústias.

I

Em primeiro lugar, *em referência ao Senhor Jesus Cristo*. A primeira frase é: "o amigo *ama em todo tempo*", e isso nos leva a considerar, primeiro, *a constância do amor de Jesus Cristo*.

Meus queridos irmãos, quando lemos "o amigo ama em todo tempo" e nos referimos a Cristo, a frase, por mais completa que seja, fica aquém do que queremos dizer, pois nosso Senhor Jesus é um amigo que nos amou antes que houvesse qualquer tempo. Antes do início dos tempos, o Senhor Jesus Cristo fez a aliança pela qual redimiria um povo para si mesmo, o qual deveria fazer conhecida a glória de seu Pai. Antes que o tempo começasse, seu olhar presciente previu as criaturas que Ele decidiu redimir pelo seu sangue. Estas, Ele tomou para si por eleição; estas, o Pai também deu-lhe por doação divina, e nelas, como Ele as viu no espelho do futuro, colocou seu amor. Muito antes que os dias começassem a ser contados, ou as luas crescessem e minguassem, ou os sóis se levantassem e se pusessem, o Senhor Jesus havia separado para si um povo a quem se deu em casamento, cujos nomes gravou no coração e nas mãos, para que eles pudessem ser levados em união com Ele mesmo para todo o sempre. Meditem naquele amor que precedeu os primeiros raios da manhã e chegou a vocês antes que as montanhas surgissem ou antes que Ele houvesse formado a terra e o mundo. Meus irmãos, vocês acreditam na doutrina do amor eterno; meditem nela e que seja muito doce para seus corações:

> Antes que tuas mãos houvessem feito
> O sol para governar o dia,
> Ou os alicerces da terra colocado,
> Ou moldado a argila de Adão,
> Que pensamentos de paz e misericórdia fluíram
> Em teu amado peito, ó meu Deus!

Ele amou você quando o tempo começou, nos dias mais antigos antes do dilúvio e nas eras longínquas; pois aquelas promessas que foram feitas em amor se referiam a você, bem como à posteridade que cresce. Todos os atos de amor que foram realizados como um prefácio à vinda dele, todos tiveram alguma relação com você como um do povo dele. Nunca houve um momento na antiguidade do nosso mundo em que este amigo não amou você, cada época foi um tempo de amor. O amor, como um fio de prata, corre através dos tempos. Sobretudo, Ele desnudou seu amor há 1800 anos, quando desceu com pressa alegre para se deitar na manjedoura; e segurado foi como um bebê no seio da virgem. Ele provou seu amor por você em um grau que ultrapassa o pensamento quando, como filho de um carpinteiro, Ele condescendeu por trinta anos em viver na obscuridade, levando a cabo uma justiça perfeita para você, e então passou três anos de árdua labuta para terminar sua vida com uma morte de amargura indizível. Você não existia então, mas Ele o amou e se entregou por você. Foi por você o suor de sangue entre as oliveiras do Getsêmani; foi por você a flagelação e a coroação de espinhos; foram por você os pregos, o vinagre e a lança; foi por você o grito de agonia; a grande tristeza "até a morte". Ele é um amigo que o amou naquela hora mais sombria e dolorosa, quando seus pecados foram colocados sobre Ele e com seu peso esmagador o empurraram para baixo, por assim dizer, em espírito, até o inferno mais profundo.

Amado, tendo assim redimido você, Ele o amou quando o tempo começou para você. Assim que você nasceu, seu olhar de ternura fixou-se em você. "Quando Israel era menino, eu o amei." Foi a bondade que determinou o local de nascimento de seus pais e a hora do seu nascimento. Você não veio a este mundo, por assim dizer, por acaso ou como o filhote de avestruz, privado dos cuidados dos pais[5] – o Senhor era o seu guardião; o Senhor Jesus Cristo olhou para você em seu berço e ordenou a seus anjos que o protegessem. Ele não deixaria você morrer sem ser convertido, embora doenças ferozes esperassem ao seu redor para levá-lo ao inferno. E quando você cresceu até a idade adulta e amadureceu as loucuras da juventude nos delitos dos anos maduros, mesmo assim Ele o amou. Ó, deixe seu coração se humilhar ao lembrar que se você

---

[5] Era uma crença comum da época, embora errônea, que os avestruzes não tomavam conta de seus filhotes.

já o blasfemou, Ele o amou enquanto você o amaldiçoava; que se você violou o domingo, Ele o amou quando você desprezou o dia dele; que sua Bíblia negligenciada não poderia afastar seu coração de você, que seu lugar de oração negligenciado não poderia fazê-lo cessar seu sentimento. Ai! A que excesso de devassidão alguns de seu povo correram! Mas Ele os amou apesar de tudo isso. Ele era um amigo que amava nas circunstâncias mais irritantes.

> Fui amado quando era um desgraçado sujo pelo pecado,
> Em guerra com o céu, em aliança com o inferno,
> Um escravo de toda luxúria obscena,
> Que, estando vivo, vivia senão para me rebelar.

Quando a justiça teria dito: "Deixa ir o rebelde, ó Jesus; não sejas mais preso por cordas de amor a tal desgraçado", nosso sempre fiel Redentor não nos rejeitou, mas lançou outra corda de graça ao nosso redor e ainda nos amou. Considere bem "o grande amor com que nos amou, e estando nós mortos em nossos delitos".

Sinto como se isso fosse algo para se pensar em particular mais do que para eu apresentá-lo assim apressadamente em público. Entretanto, que o Espírito Santo possa agora banhar seus corações com gratas gotas de amor celestial, enquanto eu os lembro do amor em todo tempo deste que é o melhor dos amigos. Você se lembra de quando foi impelido a buscá-lo, quando seu coração começou a se cansar de seu pecado e a ficar alarmado com a condenação que certamente se seguiria a uma transgressão não perdoada; foi o amor dele que semeou as primeiras sementes do desejo e de anseio em seu coração. Você nunca o teria desejado se Ele não tivesse desejado você primeiro. Nunca houve um bom pensamento em relação a Cristo em qualquer peito humano, a menos que Cristo primeiro o tenha colocado lá. Ele o atraiu e então você começou a correr atrás dele; mas se Ele o tivesse deixado em paz, você teria corrido dele, e nunca para Ele. Foi uma época amarga quando buscávamos o Salvador, uma época de angústia e trabalho árduo. Lembramo-nos das lágrimas e das orações que derramamos dia e noite, pedindo misericórdia; mas Jesus, nosso amigo, foi amoroso conosco naqueles momentos, deliciando-se com aquelas lágrimas penitenciais, colocando-as em sua botija, dizendo aos anjos que estávamos orando e ordenando-lhes dedilhar suas harpas novamente em doces notas de louvor pelos pecadores que se arrependiam. Ele nos conheceu, nos conheceu na escuridão, nas trevas espessas em que buscávamos a Deus, para que porventura o pudéssemos encontrar. Ele estava próximo, ao lado do filho pródigo, quando, em todos os seus trapos e sujeira, ele estava dizendo: "Levantar-me-ei e irei ter com meu Pai", e foi por meio de Jesus que fomos apresentados ao coração do Pai e recebemos o beijo paternal, e nos sentaram onde há música e dança, porque os mortos reviveram, e o perdido foi encontrado.

Meus irmãos, desde aquele dia feliz, esse amigo sempre nos amou. Eu gostaria de poder dizer que, desde aquela hora sagrada em que viemos aos seus pés pela primeira vez e nos vimos salvos por meio dele, sempre caminhamos dignamente de acordo com os privilégios que recebemos; mas tem sido exatamente o contrário. Houve ocasiões em que o honramos, sua graça abundou e nossa santidade se manifestou; mas, ai! Houve outros momentos em que nos desviamos, nossos corações esfriaram e estávamos na estrada para nos tornar como Nabal, quando seu coração se transformou em uma pedra dentro dele. Fomos parcialmente persuadidos como Orfa a voltar para a terra dos ídolos, e não como Rute, a nos apegarmos ao Senhor nosso Deus. Nossos corações têm se comportado como uma meretriz do amor de Cristo, desejando o alho silvestre, o alho e as cebolas do Egito, em vez dos tesouros da terra prometida. Mas, nos momentos em que nossa piedade está em declínio, Ele ainda nos ama; não houve a menor diminuição no sentimento de Cristo, mesmo quando nossa piedade diminuiu; Ele não acerta seu relógio com o nosso nem restringe seu amor à nossa medida. Temo que muitas vezes tenhamos ido mais longe do que meramente ficar pobres em graça interior; houve ocasiões em que o povo de Deus até mesmo caiu em pecado explícito; sim, e descemos para pecar gravemente também, e para desonrar o nome de Cristo; mas aqui está a misericórdia, e até mesmo aqueles nossos pecados reais e malditos não retiraram de nós a promessa nem desviaram o coração de Cristo por seus amados. Estava prestes a dizer que, embora tenhamos pecado e aumentado nossa tristeza de forma abundante, caso houvesse tristeza no céu, poderíamos nos arrepender eternamente de ter pecado contra tal amor e misericórdia, mas apesar de tudo isso, nosso Senhor e Salvador não nos rejeitou nem nos repudiará, aconteça o que acontecer.

Reflitam, meus queridos amigos, sobre todos os momentos difíceis e inconstantes pelos quais vocês passaram desde o tempo de sua conversão. Vocês talvez foram ricos e repletos de bens: vocês foram tentados a esquecer o seu Senhor, mas Ele era um amigo que os amou em todo tempo, e não permitiria que sua prosperidade os arruinasse, mas ainda assim fez seu amor disparar com raios de cura em sua alma. Mas vocês também foram muito pobres. A despensa estava vazia, e vocês disseram: "Onde encontrarei o suficiente para suprir minhas necessidades?". Cristo, porém, não foi embora porque seu terno estava surrado ou sua casa mal mobiliada; não! Ele esteve mais perto do que nunca, e se Ele se revelou a você em sua prosperidade, muito mais o fez em sua adversidade. Você encontrou nele um amigo fiel quando todos os outros eram infiéis, verdadeiro quando todos eram mentirosos. Algumas vezes você ficou muito doente, mas foi Ele quem preparou o travesseiro e deixou mais fofo o leito de seu sofrimento. Pode ser que você tenha sido caluniado e aqueles que o amavam tenham passado por você sem o ajudar. Algumas palavras más foram pronunciadas, nas quais não havia verdade, mas bastaram para tirar o apreço de muitos; mas o seu Senhor acompanhou você durante a vergonha e o abuso, e nem por um único momento Ele deu a entender que só o amava porque você era respeitado pelas pessoas. Sempre fiel e sempre verdadeiro tem sido este amigo que ama em todo tempo. Ah, houve momentos – e pode ter sido com você – em que você poderia ter desistido de si mesmo, por se sentir tão vazio, tão imprestável, tão indigno, digno de desgraça, digno do inferno; você se sentiu mais pronto para morrer do que para viver; dificilmente você poderia nutrir a esperança de que alguma coisa boa pudesse brotar de você: mas quando você menos se estima, a estima dele por você continua a mesma; quando você estava prestes a morrer em uma vala, Ele estava pronto para erguê-lo a um trono; quando você se sentiu um pária, você ainda foi abraçado contra seu querido peito como um objeto de sua especial consideração.

Em breve, muito em breve, chegará a sua hora de morrer: você passará pelo vale da sombra da morte, mas não precisará temer, pois o amigo que ama em todo tempo estará com você. Aquele notável servo de Deus, Jonathan Edwards,[6] quando estava em seus momentos finais, disse: "Onde está Jesus de Nazaré, meu velho e fiel amigo? Sei que Ele estará comigo agora que preciso de sua ajuda", e assim Ele estava, pois aquele servo fiel morreu triunfante. Você deve indagar naquele último dia por Jesus de Nazaré e você deve ouvi-lo dizer: "Aqui estou"; você encontrará o vale da sombra da morte iluminado com esplendor sublime, e não será morte para você, mas uma passagem para a vida eterna, porque aquele que é a ressurreição e a vida será o seu ajudador.

Assim, tenho percorrido apressadamente a vida do amor de Cristo, desde o início que não teve início, até o fim que não conhece fim, e em todos os casos vemos que Ele é um amigo que ama em todo tempo.

Agora, irmãos, vou variar o tom, embora ainda mantendo o mesmo assunto. Vamos considerar *a realidade do amor de Cristo* em todo tempo. O texto diz: "O amigo ama em todo o tempo", não "professa amar", não "fala de amor", mas realmente o faz. Agora, no caso de Cristo, o amor se tornou intensamente concreto. Seu amor nunca foi uma coisa de meras palavras ou pretensões; seu amor se manifestou em atos poderosos, sinais e maravilhas, dignos de um Deus, tal que o próprio céu não conseguiria exaltar o suficiente com todas as suas harpas de ouro.

Vejam então, irmãos, que Cristo nos amou de modo concreto em todo tempo. Não faz muito tempo que vocês e eu éramos

---

[6] Jonathan Edwards (1703-1758), pregador norte-americano, foi um avivalista congregacional, filósofo, teólogo e missionário aos nativos de seu país.

escravos do pecado, carregávamos grilhões e não podíamos quebrá-los de nossos pulsos. Éramos presos por paixões malignas e hábitos mundanos, e parecia não haver esperança de liberdade para nós. Jesus nos amou em todo tempo, mas seu amor não nos deixou ficar prisioneiros nem mais um segundo. Ele veio e pagou o preço do resgate por nós. Em gotas de sangue de seu próprio coração, Ele pagou o preço de nossa redenção, e por seu Espírito eterno, quebrou cada grilhão de nós, e hoje, seu povo que crê se regozija na liberdade com a qual Cristo o torna livre. Vejam como seu amor era concreto! Ele não deixou o escravo em suas correntes nem o deixou permanecer em cativeiro, antes nos amou nos libertando direto de nossa prisão para uma liberdade sagrada. Nosso Senhor nos encontrou há não muito tempo enfrentando nosso julgamento. Lá éramos prisioneiros no tribunal e não tínhamos nada a pleitear em nossa defesa. O acusador levantou-se para nos incriminar e, como ele fez muitas e graves acusações, não fomos capazes de responder a nenhuma delas. Nosso grande Sumo Sacerdote estava lá e nos viu assim sendo apresentados como prisioneiros no tribunal; Ele nos amou, mas oh! Como era eficaz seu amor – Ele se tornou nosso advogado; Ele fez mais: Ele ficou em nosso lugar e nos substituiu, ficando onde o criminoso deveria estar. Ele sofreu o que nos era devido e então, nos cobrindo com sua justiça perfeita, disse diante do resplendor do trono inefável da justiça: "Quem intentará acusação contra os eleitos de Deus? É Cristo quem morreu ou, antes, quem ressuscitou". Ele não amou o prisioneiro no tribunal e o deixou lá para ser condenado; Ele o amou e até este dia estamos absolvidos e agora, pois, já nenhuma condenação há para os que estão em Cristo Jesus. Você que crê, eleve o seu coração agora, e exalte o nome daquele que fez tudo isso por você.

Nosso Senhor, quando veio em misericórdia até nós, nos encontrou nos trapos de nossa própria justiça e na pobreza abjeta de nossa condição natural. Estávamos sem lar e sem pai; estávamos sem pão espiritual, enfermos e feridos, tão humilhados e degradados quanto o pecado poderia nos tornar. Ele nos amou, mas não nos deixou onde o amor nos encontrou. Ah! Você não se lembra de como Ele nos lavou na fonte que corria de suas veias? Como Ele nos envolveu em linho branco, que é a justiça dos seus santos? Como Ele nos deu para comer o pão que o mundo não conhece? Como Ele supriu todas as nossas necessidades e nos deu a promessa de que tudo o que pedíssemos em oração, se apenas crêssemos em seu nome, receberíamos? Éramos estrangeiros, mas seu amor nos tornou cidadãos; estávamos longe, mas seu amor nos trouxe para perto; estávamos perecendo, mas seu amor nos enriqueceu; éramos servos, mas seu amor nos fez filhos; éramos criminosos condenados, mas seu amor nos tornou "herdeiros de Deus e coerdeiros com Cristo".

Não vou me estender aqui, mas vou apelar para a experiência de cada um que crê. Em suas necessidades, Cristo não o ajudou sempre? Você tem duvidado sobre o caminho a seguir e o tem procurado em busca de orientação: alguma vez você errou ao deixar isso com Ele? Seu coração estava muito pesado e você não tinha nenhum amigo com quem pudesse conversar, mas você falou com Ele e não encontrou sempre consolo ao abrir o seu coração diante dele? Quando Ele o decepcionou? Quando você encontrou o braço dele encolhido ou seu ouvido surdo? Até este momento tudo foi uma mera conversa com Cristo? Não, você sabe que tem sido o amor mais verdadeiro e real – e agora, ao se lembrar disso, eu imploro que você o adore verdadeira e realmente, não apenas com o intelecto ou com os lábios, mas de todo o seu espírito, alma e corpo, à medida que você se consagra novamente a Ele. Veja então a perseverança do amor de Cristo e veja também a realidade dele.

Por sua paciência, observarei em seguida *a natureza do amor de Cristo*, explicando sua persistência e realidade. O amor de nosso bom amigo por nós brotou dos motivos mais puros possíveis; Ele nada tem a ganhar em nos amar. Pode-se supor que alguma amizade seja impregnada de um desejo de vantagem própria, na medida em que é degradada e sem valor. Jesus, porém, Cristo não tinha nada a ganhar, mas tudo a perder. "Sendo rico, se fez pobre por amor de nós." O amor que Ele nutre por seu povo não foi um amor que nasceu de alguma coisa que o objeto de seu amor pudesse ter. Não tenho dúvidas de que teve uma razão, pois Cristo nunca age de forma irracional, mas essa razão não residia em nós. O amor entre nós e nossos semelhantes às vezes brota da beleza pessoal, às vezes de traços de caráter que admiramos e, em outras ocasiões, de obrigações em que incorremos, mas com Cristo nenhuma dessas coisas pôde valer. Não havia beleza pessoal em nenhum de seus eleitos: não havia traços de caráter neles que pudessem encantá-lo; muito pelo contrário, poderiam tê-lo enojado; Ele certamente não tinha obrigações para conosco, pois não existíamos quando seu coração foi posto sobre nós. O amor do ser humano ao ser humano é sustentado por algo extraído do objeto do amor, mas o amor de Cristo por nós tem suas fontes profundas dentro dele mesmo. Assim como suas próprias cortes mantêm a grandeza de seu trono sem tirar proveito das criaturas, seu próprio amor se mantém sem tirar de nós quaisquer motivos e razões e, portanto, meus irmãos, vocês veem por que esse amor é o mesmo em todo tempo. Se esse amor tivesse que se sustentar em nós e no que fazemos e no que merecemos... Ah! Ele estaria sempre no mais baixo nível concebível, mas uma vez que salta das profundezas do coração divino, nunca muda e nunca mudará.

Lembre-se também de que o amor de Cristo foi um amor sábio, não cego como o nosso costuma ser. Ele nos amou sabendo exatamente o que éramos. Não há nada na constituição do ser humano que Jesus Cristo não percebeu; não há nada em sua individualidade, exceto o que Cristo havia conhecido previamente. Lembre-se de que Cristo amou seu povo antes que este começasse a pecar, mas não no escuro. Ele sabia exatamente tudo que eles iriam pensar, fazer ou ser; e se Ele resolveu amá-los de alguma forma, você pode ter certeza de que Ele nunca mudará esse amor, uma vez que nada de novo pode ocorrer à sua mente divina. Se Ele tivesse começado a nos amar e nós o tivéssemos enganado e desapontado, Ele poderia nos ter expulsado, mas Ele sabia muito bem que deveríamos nos revoltar, que deveríamos nos desviar e provocá-lo ao ciúme; Ele nos amou sabendo de tudo isso, e por isso seu amor aguenta e perdura e deve permanecer fiel até o fim.

Irmãos, o amor de Cristo está continuamente associado a um grau infinito de paciência e piedade. Nosso Senhor sabe que somos pó e, como um pai se compadece de seus filhos, também se compadece de nós. Nós somos irritadiços, mas nosso Senhor é longânime. Quando Ele nos vê pecar, diz consigo mesmo: "*Ai*, pobres almas! Que loucura há nelas, para assim se prejudicarem". Ele não toma nossas palavras frias com ressentimento, de modo a ter sentimentos coléricos com elas; mas diz: "Pobre filho, como ele se machuca e quanto perde com isso". Ele até mesmo nos olha com bondade quando pecamos, pois sabe que isso foi apagado por meio de seu próprio sangue, e vê mais o mal que certamente causará à pobre alma do que o mal do pecado em si. Jesus tem condescendência e paciência infinitas, e não podemos provocá-lo a ponto de desviá-lo de seu propósito de graça. Ele está sempre pronto e nunca é lento para perdoar. Oh, as provocações dos seres humanos! Mas a paciência de Cristo ultrapassa as montanhas de nossa provocação e as afoga a todas.

Desconfio que uma das razões pelas quais Cristo é tão constante em seu amor e tão paciente conosco é que Ele nos vê como deveremos ser. Ele não nos olha meramente como o que somos hoje na queda de Adão – desgraçados e perdidos – nem como estamos hoje, parcialmente libertos do pecado interior; mas Ele se lembra de que devemos permanecer próximos dele para sempre, que devemos ser exatamente como Ele e ser participantes de sua glória; e quando Ele nos vê no espelho do futuro, como nos tornando pouco a pouco seus companheiros no mundo da perfeição, Ele passa por cima da transgressão, da iniquidade e do pecado, e como um verdadeiro amigo, Ele nos ama em todo tempo.

Não vou cansar aqueles que conhecem este amor. Eles não precisam de frases espalhafatosas ou de orações eloquentes para apresentá-lo. A doçura dele está em si mesmo. Pode-se beber um vinho como este de qualquer taça. Aquele que conhece o sabor desta iguaria divina não pede que seja preparada desta ou daquela maneira, ele se regozija apenas em tê-la, pois o meditar sobre ela deve ser doce. "O amigo ama em todo o tempo."

A próxima oração do texto é: "*e para a angústia* [ou *adversidade*] *nasce o irmão*". Ou seja, um verdadeiro irmão se apresenta e mostra sua fraternidade nos momentos de angústia da família. Agora, que todo aquele que crê em Jesus aqui entenda o significado disso com respeito a Cristo. Jesus Cristo nasceu por você. "Porque um menino nos nasceu, um filho se nos deu"; mas se há algum momento mais do que outro em que Cristo é seu por nascimento de modo especial, é no momento da angústia. Para a angústia nasceu um irmão.

Observem que Cristo nasceu, em primeiro lugar, para a nossa angústia, para nos livrar da grande angústia da Queda. Quando o pecado de nossos pais destruiu o Éden e destruiu nossas esperanças, quando o verão de nossa alegria se transformou no inverno de nossa aflição, então Cristo nasceu na manjedoura de Belém para que a raça humana pudesse ser alçada à esperança e seus eleitos fossem alçados à salvação. Ele restaurou o que Ele não havia tirado, reconstruiu o que Ele não havia derrubado. Ele nunca teria vindo para ser um Salvador se não estivéssemos perdidos; portanto, porque nossa angústia era tão grande, um Salvador tão grande era necessário, e um Salvador tão grande veio.

Para a angústia nasceu nosso Senhor porque Ele tem a habilidade peculiar de compadecer-se com todos na angústia. Nenhum outro senão Ele pode afirmar que percorreu de alto a baixo todos os territórios da dor, mas isso, Jesus Cristo pode reivindicar com razão. Cada pontada de dor que rasga um coração humano primeiro experimentou sua lâmina nele. Não é possível, mesmo nos extremos da aflição a que alguns estão expostos, que qualquer um possa ir além de Cristo na tolerância da dor. Cristo é coroado como o rei do sofrimento; Ele é o imperador dos domínios do suplício. Ele é, portanto, capaz de socorrer a todos os que são tentados e provados, visto que Ele mesmo também está envolvido pelo sentimento de nossas fraquezas. Contemple-o sofrendo no madeiro, contemple-o durante toda a sua vida de vergonha e dor e você verá que Ele nasceu para a angústia, e por ter nascido para ela, nasceu para compadecer-se de nossas provações, tendo aprendido, como o Autor de nossa salvação, para ser aperfeiçoado em compaixão por aqueles muitos filhos que Ele traz à glória.

Irmãos, o texto significa mais do que isso. Jesus Cristo é um irmão nascido para a angústia porque Ele sempre dá sua mais preciosa presença aos seus santos quando eles estão em tribulação. Sei que muitos pensarão que a presença de Cristo com os enfermos e deprimidos é mera fantasia. Ah, bendita fantasia! Fantasia essa que os faz rir da dor e regozijar-se na aflição profunda, e aceitar com alegria a pilhagem de seus bens. Uma fantasia bendita verdadeiramente! Deixe-me declarar o testemunho de meu coração e afirmar que, se há algo real em algum lugar para a mente espiritual, a presença de Cristo o é intensamente. Embora não vejamos sua forma curvando-se sobre nós nem notemos a adorável luz daqueles olhos que um dia estiveram vermelhos de choro, embora não toquemos naquelas mãos que sentiram os pregos nem ouvimos passos suaves dos pés que estavam presos à cruz, ainda assim, estamos interiormente tão conscientes da sombra de Cristo caindo sobre nós quanto estiveram seus discípulos quando Ele se levantou no navio sacudido pela tempestade e disse aos ventos e às ondas: "Calem-se, aquietem-se". Acreditem em mim, não é imaginação nem apenas fé. É a fé que o traz, mas há uma espécie de sentido espiritual que descobre sua presença e que se alegra com a bem-aventurança que dela flui. Nós dizemos o que sabemos e testificamos o que temos visto quando falamos que Ele é um irmão nascido para a angústia em verdadeiras ações, revelando-se ternamente a seu povo, como não o faz ao mundo.

Acredito que é neste sentido que Ele nasceu para a angústia, tanto que dificilmente você pode conhecê-lo, exceto por meio da angústia. Você pode conhecer a Cristo para ser salvo por Ele por um único ato de fé, mas para uma descoberta plena de sua beleza é necessário que você passe pela fornalha. Aqueles filhos de Deus cujos caminhos relvados estão sempre recém-cortados e recém-suavizados aprendem de forma comparativa, mas têm pouca comunhão com Cristo e têm apenas um conhecimento tênue dele; mas aqueles que negociam nas grandes águas, esses veem as obras do SENHOR e as suas maravilhas nas profundezas do abismo, e estes conhecem o amor de Cristo que excede todo o entendimento. "Para mim, é bom ter sido afligido", muitos podem dizer, não apenas por causa do efeito restaurador da tristeza, mas porque suas aflições têm agido como janelas, para permitir que olhem dentro do próprio coração de Cristo e vejam seu sentimento de piedade e compreendam sua natureza como nunca poderiam ter feito por outros meios. A luz da fornalha é memoravelmente clara. Jesus é um irmão nascido para a angústia porque no vislumbre do entardecer do mundo, quando todas as lâmpadas se apagam, uma glória brilha ao seu redor, transformando a meia-noite em dia.

Por último, Ele é um irmão nascido para a angústia, porque na angústia, pela paciência do seu povo, Ele é glorificado. Garanto que as canções mais doces que já subiram dessas regiões inferiores ao trono eterno são de leitos de enfermos. "Eles cantarão seus altos louvores no meio das chamas." Os filhos de Deus são frequentemente mudos quando têm muito da terra deste mundo em suas bocas, mas quando o Senhor se agrada em tirar seus confortos e posses, então, como pássaros em gaiolas, eles começam a cantar de todo o coração. Louvem-no, sofredores, pois seu louvor lhe será agradável. Exaltem-no, pranteadores, troquem suas tristezas por esperanças pela fé e bendigam o nome daquele que merece ser louvado.

II

Agora, deixarei isso e apenas por um momento mudarei o texto para um propósito prático, *remetendo-o ao cristão*. Espero que o que foi dito tenha sido apenas o eco da experiência da maioria de vocês. Vocês descobriram que Jesus Cristo é um verdadeiro irmão e um amigo bendito; agora, que o mesmo seja verdade com vocês. Aquele que deseja ter amigos deve se mostrar um amigo. Se Cristo é tal amigo para nós, que tipo de pessoa devemos ser para com Ele? Portanto, amados, oremos e nos esforcemos para sermos amigos que amam a Cristo em todo tempo. Infelizmente, alguns que professam a fé cristã parecem não o amar em tempo algum. Eles lhe prestam homenagens com os lábios, mas se recusam a dar-lhe a atividade de seus talentos ou a contribuição de seus bens. Eles o amam apenas com palavras que são apenas ar, mas não lhe compram com dinheiro plantas aromáticas nem o enchem com a gordura de seus sacrifícios. Essas pessoas são amantes do vento e não fazem nada concreto para provar seu sentimento. Que não seja assim conosco. Que nosso amor a Cristo seja tão verdadeiro que nos obrigue a fazer sacrifícios por Ele. Neguemos a nós mesmos para que possamos espalhar o conhecimento de sua verdade, e nunca nos contentemos, a menos que de fato estejamos dando provas de nosso amor.

Devemos amá-lo em todo tempo. Infelizmente, existem alguns que prosperam nos negócios e que se tornam importantes demais para amar seu Salvador. Eles mantêm suas cabeças muito altas para se associarem com santos do Senhor. Antes eles estavam com seu povo, contentes em adorar com eles quando estavam em circunstâncias humildes, mas eles prosperaram no comércio, acumularam uma boa reserva de riquezas, e agora se sentem meio envergonhados de frequentar as igrejinhas que foram outrora a alegria de seus corações. Eles precisam procurar a religião do mundo e adorar à moda do mundo, pois eles não devem ser deixados para trás na sociedade. O povo de Deus não é bom o suficiente para eles; embora sejam reis e príncipes na estima de Cristo, ainda assim são uma companhia muito pobre para aqueles que têm ascendido tão alto no mundo. Ai, ai! Aqueles que professam amar a Jesus deveriam subir muito alto para andar verdadeira e fielmente com Cristo: apesar de não ser nenhuma ascensão, mas uma queda lamentável. Vamos nos apegar a Ele em dias de alegria, bem como em noites de tristeza, e provar a toda a humanidade que não há encantos neste mundo que possam conquistar nossos corações para longe de nossos mais queridos.

Devemos amar Jesus Cristo em todo tempo, isto é, nos momentos em que a igreja parece monótona e morta. Talvez alguns de vocês estejam morando agora em um bairro onde o ministério está dolorosamente desprovido de poder. A lâmpada está muito fraca em seu santuário, os membros que adoram são poucos, e o zelo está totalmente morto. Não abandone a igreja, não fuja dela no tempo de sua necessidade. Mantenha-se em sua posição, aconteça o que acontecer. Seja o último a deixar o navio que está afundando, se ele for obrigado a afundar. Decida como amigo de Cristo a amá-lo em todo tempo, e como um irmão nascido naquela igreja, sinta que agora, além de todos os outros tempos, na época de angústia, você deve manter-se fiel a ela. Pode acontecer que alguns aqui presentes sejam amanhã encontrados em uma oficina ou em algum outro lugar onde seus negócios os levam, onde alguns queridos filhos de Deus serão zombados e ridicularizados. Aquela mesma pessoa quel você teria alegremente reconhecido no domingo como sua irmã, com quem você se deleitou em unir sua voz em oração, mas agora, enquanto ela está no meio de uma multidão indecente, você a reconheceria, ou melhor, reconheceria Cristo nela? Eles estão fazendo piadas cruéis, estão irritando seu espírito gracioso; agora é possível que um medo covarde possa fazer você fugir para o outro lado da loja, mas oh! Se você se lembrar de que um amigo se ama em todo tempo, você considerará a falação dessa pessoa como sendo contra Cristo, e você, sendo uma parte do corpo de Cristo, estará disposto a compartilhar qualquer insulto que vier sobre seu companheiro cristão, e você dirá: "Se você zombar dele, também poderá zombar de mim, pois eu também estive com Jesus de Nazaré, e aquele que você ridiculariza eu adoro". Ó, nunca, pelo amor que Cristo tem por nós, retenhamos uma verdade porque ela pode nos expor à vergonha. Jamais sejamos covardes a ponto de empalidecer com a Palavra de Deus, porque assim poderemos viver em suave tranquilidade e delicadeza. Não são tempos em que uma única partícula da verdade deva ser reprimida. Seja o que for que o Espírito de Deus e a Palavra de Deus possam ter ensinado a vocês, meus irmãos, exponham isso por amor de Cristo, e que, o que quer que lhes traga, suportem com alegria. Visto que seu Salvador suportou muito mais por vocês, considerem uma alegria suportar qualquer coisa por Ele. Seja um irmão nascido de propósito para a angústia. Vocês esperam ser carregados para o céu em leitos tranquilos? Vocês acham que vão ganhar os louros eternos sem um conflito? Como, queridos, vocês ficariam sob as bandeiras ondulantes da vitória sem ter primeiro suportado a fumaça e a poeira da batalha? Não, antes, com coragem santa, sigam os passos de seu Mestre. Amem-no em todo tempo, abandonem tudo por Ele, e então vocês logo estarão com Ele em seu mundo de glória sem fim. Deus conceda uma bênção por amor de Jesus. Amém!

Pregação ministrada em 7 de novembro de 1869 no Metropolitan Tabernacle.

4

NOSSA FORTALEZA

*"Torre forte é o nome do S<small>ENHOR</small>; para ela
correrá o justo e estará seguro"*
Provérbios 18:10

TORRES fortes eram uma segurança maior em épocas remotas. Naqueles tempos, quando bandos de saqueadores invadiam a nação, fortes castelos eram construídos nos vários topos das colinas e os habitantes juntavam suas poucas riquezas e fugiam para lá imediatamente. Os castelos eram considerados locais muito difíceis de atacar, e tropas antigas preferiam travar cem batalhas a suportar um único cerco. Cidades que seriam tomadas pela artilharia moderna em doze horas resistiram por doze anos contra as forças mais potentes dos tempos antigos. Aquele que possuía um castelo era senhor de toda a região ao redor, e fazia de seus habitantes seus amparados, os quais buscavam sua proteção, ou seus dependentes, os quais ele governava conforme sua vontade. Aquele que possuía uma torre forte sentia, por mais potente que fosse seu adversário, que suas paredes e muralhas seriam sua salvação certeira. Governantes generosos providenciaram fortificações para seu povo; fortalezas nas montanhas onde os camponeses podiam ser protegidos dos saqueadores. Remeta seus pensamentos para mil anos atrás e imagine um povo que, depois de arar e semear, fez sua colheita, mas quando está prestes a se divertir com a festa da colheita, um sinal surpreendente desfaz sua alegria. Uma trombeta é tocada da montanha ao longe, o toque de alarme responde da torre da aldeia: hordas de ladrões ferozes estão se aproximando, seus grãos serão devorados por estranhos; enterrando seus grãos e a mobília, e juntando os poucos bens portáteis que possuíssem, eles se apressam com todas as suas forças para a torre de defesa que fica no cume ao longe. Os portões estão fechados; a ponte levadiça é puxada para cima; a grade de ferro está abaixada; os guardas estão nas ameias[1], e os habitantes de dentro sentem que estão seguros. O inimigo vai pilhar suas fazendas desertas e procurar por tesouros escondidos e, descobrindo que os habitantes estão muito além de seu alcance, irão para algum outro lugar. Essa é a figura que está no texto. "Torre forte é o nome do SENHOR; para ela correrá o justo e estará seguro [hebraico: *em alto retiro*]."

I

É claro que todos nós sabemos que por "o nome do SENHOR" se entende o caráter do Altíssimo, de modo que nossa primeira lição é que *o caráter de Deus fornece aos justos uma segurança abundante.*

---

[1] São as "janelas" ou parapeitos nos muros de castelos por onde se atiravam flechas ou outros projéteis.

O caráter de Deus é o refúgio do cristão, *em oposição a outros refúgios* que os incrédulos escolheram. Salomão coloca sugestivamente as seguintes palavras no versículo seguinte: "Os *bens* do rico lhe são cidade forte e, segundo imagina, uma alta muralha". O rico sente que sua riqueza pode proporcionar-lhe proteção. Se ele for atacado pela lei, sua riqueza pode lhe obter um advogado; se for insultado nas ruas, a dignidade de uma bolsa cheia o vingará; se estiver doente, pode contratar os melhores médicos; se ele precisar de sacerdotes para seu deleite, ou de ajudantes em suas enfermidades, eles estarão a seu dispor; se a fome se espalhar pela terra, evitará sua porta; se a própria guerra estourar, ele poderá escapar da espada, pois sua riqueza é sua torre forte. Em contraste com isso, o justo encontra em seu Deus tudo o que o rico encontra em seus bens, e muito mais. "A minha porção é o SENHOR, diz a minha alma; portanto, esperarei nele." Deus é nosso tesouro; Ele é para nós melhor do que a bolsa mais cheia ou a renda mais magnífica; acres amplos não produzem tanta paz quanto um interesse verdadeiro no amor e na fidelidade de nosso Pai celestial. Regiões sob nosso controle não poderiam nos trazer maiores receitas do que possuímos naquele que nos torna herdeiros de todas as coisas por Cristo Jesus. Outros que não confiam em sua riqueza, no entanto, fazem de *seus próprios nomes* uma torre forte. Para dizer a verdade, o bom nome de alguém não é uma defesa insignificante contra os ataques de seus semelhantes. Cobrir-se com a roupa da integridade é desafiar o gélido ataque da calúnia e estar armado contra as flechas da difamação. Se podemos suplicar a Deus e dizer: "Senhor, tu sabes que nisto não sou mau", então que a boca do mentiroso espalhe suas difamações, que ele espalhe seu veneno onde puder, pois nós temos um antídoto interior diante do qual seu veneno cessa seu poder. Mas isso só é verdade em um sentido muito limitado; a morte logo prova aos seres humanos que seu próprio bom nome não pode proporcionar-lhes consolo e, sob a convicção do pecado, uma boa reputação não é abrigo. Quando a consciência está desperta, quando o julgamento é imparcial, quando conhecemos algo da lei de Deus e da justiça de seu caráter, logo descobrimos que a autojustificação não é um esconderijo para nós, uma ameia em ruínas que irá cair sobre o pescoço daquele que se esconde atrás dela, uma fortificação de papelão que cede ao primeiro choque da lei, um refúgio de mentiras a ser derrubado com as grandes pedras de granizo da vingança eterna – tal é a justiça humana. O justo não confia nisso. Não seu próprio nome, mas o nome de seu Deus; não seu próprio caráter, mas o caráter do Altíssimo é sua torre forte. Inúmeros são aqueles castelos no ar para os quais as pessoas se apressam na hora do perigo: as cerimônias elevam suas torres nas nuvens; profissões de fé empilham suas paredes altas como montanhas, e obras da carne pintam seus delírios até que pareçam muralhas sólidas; mas tudo, realmente tudo derreterá como a neve e desaparecerá como uma névoa. Feliz é aquele que troca a areia pela rocha e o etéreo pelo concreto.

O nome do Senhor é uma torre forte para o cristão, não apenas em oposição aos refúgios de outras pessoas, mas *como algo factual* e real. Mesmo quando ele não é capaz de perceber por experiência, o caráter de Deus é o refúgio do santo. Se chegarmos ao fundo da questão, descobriremos que a base da segurança daquele que crê está no caráter de Deus. Eu sei que você vai me dizer que é a aliança; mas de que valeria a aliança se Deus fosse mutável, injusto, falso? Eu sei que você vai me dizer que a confiança daquele que crê está no sangue de Cristo; mas o que seria o sangue de Cristo se Deus fosse falso; se depois de Cristo ter pagado o resgate, o Senhor negasse a Ele o resgatado; se depois de Cristo ter sido o substituto, o Juiz dos seres humanos, pelos quais Cristo sofreu nossa própria culpa, ainda devesse visitar nossa desgraça; se o Senhor pudesse ser injusto; se Ele pudesse violar sua promessa e se tornar infiel como nós, então, eu digo que mesmo o sangue de Cristo não nos daria segurança. Você me diz que existe sua promessa, mas novamente eu o lembro de que o valor da promessa de alguém deve depender de seu caráter. Se Deus não fosse alguém que não pudesse mentir, se não fosse tão fiel a ponto de não se arrepender, se não fosse tão poderoso a ponto de não se frustrar quando intenciona agir, então sua promessa seria apenas um papel usado; suas palavras, como as nossas, seriam apenas vento e não proporcionariam abrigo adequado para uma alma angustiada e ansiosa. Mas você vai me dizer que Ele fez um juramento. Irmãos, eu sei que sim. Ele nos deu duas coisas imutáveis nas quais é impossível mentir para que possamos ter um grande consolo. Mas ainda assim, o que vale o juramento de alguém, independentemente de seu caráter? Afinal, não é o que a pessoa é que faz com que se desconfie eminentemente de sua palavra ou creia profundamente nela? E é porque nosso Deus não pode de forma alguma perjurar, mas deve ser verdadeiro, que seu juramento se torna valioso para você e para mim. Afinal, irmãos, vamos lembrar que o propósito de Deus em nossa salvação é a glorificação de seu próprio caráter, e é isso que torna nossa salvação absolutamente segura. Se todo aquele que confia em Cristo não for salvo, então Deus é desonrado, o Senhor dos Exércitos pendurou seu brasão, e se perante toda a terra Ele não cumprir o que declara que fará neste livro, então é seu brasão que fica manchado. Eu digo isto: Ele desafiou o pecado, e a morte, e o inferno, e se Ele não for o vencedor de tudo isso no coração de cada alma que confia nele, então Ele não é mais o Deus das Vitórias nem podemos gritar seu louvor eterno como o Senhor poderoso na batalha. Veja então que, quando chegamos à base de tudo, seu caráter é a grande estrutura de granito sobre a qual devem repousar todos os pilares do pacto da graça e as misericórdias certas derivadas disso. Sua sabedoria, verdade, misericórdia, justiça, poder, eternidade e imutabilidade são os sete pilares da casa da salvação certeira. Se quisermos ter consolação, certamente podemos encontrá-la no caráter de Deus. Esta é a nossa torre forte, para a qual nós corremos e na qual estamos seguros.

Observem, amados, que isso não só é verdade como algo factual, mas é verdade *como algo experiencial*. Espero agora poder expressar os sentimentos de seus corações enquanto digo que descobrimos que o caráter de Deus é uma proteção abundante para nós. Conhecemos muito bem as provações da vida; graças a Deus que sim, pois de que valeria qualquer um de nós se não tivéssemos problemas? Problemas são como lixas que remove nossa ferrugem; como fornalhas, eles consomem nossa escória; como peneiras de joeirar, eles afastam o joio, e nós teríamos pouco valor, teríamos apenas pouca utilidade, se não tivéssemos sido obrigados a passar pela fornalha. Em todas as nossas dificuldades, porém, encontramos no caráter de Deus um consolo. Você é pobre – muito pobres: sei que alguns de vocês estão desempregados há muito tempo e se perguntam de onde virá seu pão, até mesmo para a próxima refeição. Agora, qual tem sido o seu consolo? Você não disse: "Deus é bom demais para me deixar morrer de fome; Ele é muito generoso para me deixar passar necessidade". E então, você vê que descobriu que o caráter de Deus é a sua torre forte. Ou então você mesmos teve uma doença; há muito você está deitado na cama do cansaço, virando-se de um lado para o outro, e então surge a tentação de ficar impaciente: "Deus tratou você de forma muito dura", assim sussurra o Maligno; mas como você fugirá? Ora, você diz: "Não, Ele não é um tirano, eu sei que Ele é um Deus compassivo". "Em toda a angústia deles, foi ele angustiado, e o Anjo da sua presença os salvou." Ou então, você teve perdas – muitas perdas, e é capaz de perguntar: "Como podem acontecer essas coisas? Como é que tenho que trabalhar tanto e tão arduamente, e ter de cuidar de mim com toda a minha inteligência para ganhar apenas um pouco, e mesmo assim, quando ganho dinheiro, ele some? Percebo minha riqueza como um bando de pássaros nos campos: aqui um momento, e no outro se vai, pois alguém passando bate palmas e todos ganham asas e voam para longe". Então, podemos pensar que Deus não é sábio em nos deixar trabalhar para nada; mas eis que nós corremos para nossa torre forte e sentimos que não pode ser assim. Não. O Deus que enviou essa aflição não poderia ter agido de uma maneira irrefletida, imprudente e sem sabedoria; deve haver algo aqui que coopera para o meu bem. Vocês sabem, irmãos, que é inútil para mim tentar descrever as várias maneiras pelas quais suas provações acontecem; mas tenho certeza de que aqueles que conhecem o nome do SENHOR depositarão sua confiança nele. Talvez sua provação seja de passar necessidade, e então você disse: "O nome dele é o SENHOR Proverá"; ou então seus amigos o deixaram, ou talvez você teve de deixar seu país, mas você disse: "Ah! Seu nome é o SENHOR

Está Ali"; ou então você teve uma perturbação em sua família; tem havido guerra dentro e fora dela, mas você corre para sua torre forte, pois você disse: "Seu nome é o Senhor é Paz"; ou então o mundo o caluniou, e você mesmo tem consciência do pecado, mas você disse: "Seu nome é o Senhor é a Nossa Justiça", e assim você correu para lá e ficou seguro; ou então muitos têm sido seus inimigos, então o nome dele é "o Senhor é Minha Bandeira"; e assim Ele tem sido uma torre forte para você. Desafiem, então, irmãos – desafiem na força de Deus as tribulações de todos os tipos e tamanhos. Diga com o poeta,

> Há um lugar seguro e secreto
> Sob as asas divinais,
> Reservado para todos os herdeiros da graça;
> Esse refúgio agora é meu.
> O menor e mais fraco aqui pode se esconder
> Ileso e incólume;
> Enquanto milhares caem de todos os lados, eu descanso seguro em Deus.

Mas, amados, além das provações desta vida, temos *os pecados da carne*, e que tribulação eles são; mas, mesmo diante disso, o nome de nosso Deus é nossa torre forte. Em certas épocas, estamos mais do que normalmente conscientes de nossa culpa; e eu daria pouco pela sua vida de devoção se você às vezes não se esgueirasse para um canto com o pobre publicano e dissesse: "Ó Deus, sê propício a mim, pecador!". Corações quebrantados e passos humildes são caros aos olhos de Jesus. Para todos nós haverá momentos em que nossa santidade não será muito evidente, mas nossa pecaminosidade será muito visível; sendo assim, o nome de nosso Deus deve ser nossa defesa: "Ele é muito misericordioso" – "Porque serei misericordioso para com as suas iniquidades e de seus pecados e de suas prevaricações não me lembrarei mais". Sim, na pessoa de Cristo até ousamos olhar para sua justiça com confiança, visto que "Ele é fiel e justo para nos perdoar os pecados e nos purificar de toda injustiça". Possivelmente, não é tanto a culpa do pecado que o perturba, mas o poder do pecado. Você se sente como se um dia devesse cair pelas mãos deste inimigo interior. Você tem lutado e se esforçado, mas o velho Adão é forte demais para você. É um conflito severo, e você teme que os filhos de Anaque nunca sejam expulsos. Você sente que carrega uma bomba dentro do seu coração; suas paixões são como um paiol; você está caminhando onde centelhas estão voando, e você tem medo que uma faísca caia e então haja tudo seja terrivelmente destruído. Ah! Contudo existe o poder de Deus, existe a verdade de Deus, existe a fidelidade de Deus e, apesar de todo o poder desesperado do pecado, encontramos um abrigo aqui no caráter do Altíssimo. O pecado às vezes vem com todos os horrores da lei; então, se você não sabe como se esconder atrás de seu Deus, você estará em uma condição terrível. O pecado virá às vezes com todo o fogo da carne, e se você não puder perceber que sua carne foi crucificada em Cristo e que sua vida é uma vida nele, e não em você mesmo, então você logo será derrotado completamente. Mas aquele que vive em seu Deus, e não em si mesmo, e aquele que reveste a justiça de Cristo sobre si e é justo em Cristo podem resistir a todos os ataques da carne e a todas as tentações do mundo; ele vencerá pelo sangue do Cordeiro. "Esta é a vitória que vence o mundo: a nossa fé."

Depois, amados, existem as tentações do Diabo, e essas são muito terríveis; mas como é doce ainda sentir que o caráter de Deus é nossa torre forte. Sem paredes de graça e muralhas de misericórdia, como uma alma tentada pode escapar das garras do arquidestruidor? Mas a alma que se encontra nas trincheiras da promessa divina nem todos os demônios do inferno podem carregá-la pela tempestade. Eu vi esta semana alguém a quem muitos de vocês respeitam enormemente: o antigo pastor desta igreja, Sr. James Smith, em Cheltenham [desde que partiu "para estar com Cristo, o que é muito melhor"] – um nome bem conhecido por suas inúmeras pequenas obras que estão espalhadas por toda parte e não podem deixar de fazer o bem aos outros. Vocês devem se lembrar de que cerca de um ano atrás ele foi atingido por uma paralisia e metade de seu corpo está inerte. Mesmo assim, quando o vi na cama, nunca tinha visto alguém mais alegre no auge de suas forças. Disseram-me que às vezes ele era objeto de conflitos terríveis; então, depois de apertar a mão dele, disse:

— Amigo Smith, ouvi dizer que você tem muitas dúvidas e medos!

— Quem lhe disse isso? — disse ele — Porque não tenho nenhum.

— Você nunca teve nenhum? Uau! Eu entendi que você teve muitos conflitos.

— Sim, disse ele, tenho muitos conflitos, mas não tenho dúvidas; tenho muitas guerras internas, mas não tenho medo. Quem poderia ter-lhe dito isso? Espero não ter levado ninguém a pensar assim. É uma batalha difícil, mas sei que a vitória é certa. Depois de uma péssima noite de descanso – é claro, devido à debilidade física – minha mente fica perturbada, e então aquele velho covarde, Satanás, que talvez teria medo de se meter comigo se eu fosse forte, ataca-me quando estou fraco; mas não tenho medo dele; não vá embora com essa ideia; ele joga muitos dardos inflamados em mim, mas não tenho dúvidas quanto à minha vitória final.

Então ele disse, do seu próprio jeito:

— Eu sou como um pacote que está pronto para ser levado pelo trem: embalado, amarrado, etiquetado, pago e na plataforma, esperando o expresso passar e me levar para glória. Eu gostaria de poder ouvir o apito do trem agora, disse ele. Eu tinha esperança de ter sido levado para o céu há muito tempo; mas ainda estou bem.

— E então — disse ele —, tenho dito ao seu George Moore ali que não estou apenas na rocha, mas que estou cimentado *na* rocha, e que o cimento é tão duro quanto a rocha, então não há medo de minha morte; a menos que a rocha caia, não posso cair; a menos que o evangelho pereça, eu não posso perecer.

Ora, aqui estava um homem atacado por Satanás; ele não me falou dos conflitos amargos que tinha por dentro (sei que eram bastante severos); ele estava ansioso para dar um bom testemunho da fidelidade de seu gracioso Senhor; mas você vê que era seu Deus que era sua fortaleza; ele correu para isso: para a imutabilidade, a fidelidade, a veracidade e a força daquele Deus em cujo braço ele se apoiava. Se você e eu fizermos o mesmo, sempre poderemos encontrar um atributo de Deus para se opor a cada sugestão do Maligno.

— Deus o abandonará — diz o Maligno.

— Seu velho mentiroso, Ele não pode, pois é um Deus fiel.

— Mas você morrerá um dia.

— Ó enganador vil, isso nunca pode acontecer, porque Ele é um Deus poderoso e forte para libertar.

— Mas algum dia Ele vai rejeitar você.

— Não, falso acusador e pai da mentira. Isso não pode ser porque Ele é um Deus de amor.

— Chegará o tempo em que Ele se esquecerá de você.

— Não, traidor. Isso não pode ser porque Ele é um Deus onisciente que conhece e vê todas as coisas.

Eu digo, desse modo, podemos refutar toda calúnia perniciosa de Satanás, ainda correndo para o caráter de Deus como nossa torre forte.

Irmãos, mesmo quando o próprio Senhor nos castiga, é muito bem-aventurado recorrer a Ele. Entendem o que quero dizer? Ele nos golpeia com sua vara, mas então você olha para cima e diz: "Pai, se eu pudesse crer no que a tua vara parece dizer, diria que não me amas; mas eu sei que tu és um Deus de amor, e minha fé me diz que tu ainda me amas por causa daquele golpe duro". Vejam aqui, irmãos, vou me colocar no caso por um momento: vejam, Ele me rejeita como se me odiasse; Ele me afasta de sua presença; não me dá um carinho; nega-me doces promessas; fecha-me na prisão, e me dá a água da aflição e o pão da angústia; mas minha fé declara: "Ele é um Deus do qual não consigo pensar mal; Ele tem sido tão bom para mim que sei que Ele é bom agora, e apesar de todas as suas providências, mesmo quando Ele coloca uma máscara assustadora sobre o rosto, eu ainda acredito que

'Por trás de uma providência ameaçadora,
Ele esconde um rosto sorridente'".

Mas, amigos, espero que vocês saibam, espero que cada um de nós conheça por experiência a bendita prontidão de correr para o íntimo de Deus e se esconder nele.

Essa palavra é para o pecador que ainda não encontrou a paz. Você não vê, caro, que o cristão não é salvo pelo que ele é, mas pelo que seu Deus é, e esta é a base para nosso consolo – que Deus é perfeito, não nós. Quando preguei na noite de quinta-feira passada sobre as espevitadeiras do templo e os cinzeiros de ouro das espevitadeiras, e sobre a necessidade de se aparar as lâmpadas do santuário, uma mulher tola disse: "Ah, vejam, de acordo com a própria declaração do pastor, esses cristãos são tão maus quanto o resto de nós; eles têm muitos defeitos". "Oh!" disse ela, "ouso dizer que estarei tão bem no final quanto eles". Pobre alma! Ela não viu que a esperança do cristão não reside no que ele é, mas no que Cristo é; nossa confiança não está no que sofremos, mas no que Jesus sofreu; não no que fazemos, mas no que *Ele* fez. Não é o nosso nome, repito, que é uma torre forte para nós nem mesmo é a nossa oração; não são as nossas boas obras; é o nome, a promessa, a verdade, a obra, a justiça consumada de nosso Deus em Cristo Jesus. Aqui, aquele que crê encontra sua defesa, e em nenhum outro lugar. Corra, pecador, corra, pois o portão do castelo está aberto para todos os que buscam abrigo, sejam eles quem forem.

II

Com sua licença, passarei ao segundo ponto: *como os justos se beneficiam desta torre forte*. Eles correm para ela. Ora, correr parece-me implicar que eles não param para fazer qualquer preparação. Você se lembrará de que nosso Senhor Jesus Cristo disse aos seus discípulos que, quando os romanos cercassem Jerusalém, aquele que estivesse no telhado não deveria descer para sua casa, mas descer correndo a escada externa e escapar. Portanto, o cristão, quando é atacado por seus inimigos, não deve parar para nada, mas apenas correr para o seu Deus e ficar seguro. Não há necessidade de se demorar até que você tenha preparado sua mente. Apenas corra imediatamente. Quando os pombos são atacados pelo falcão, seu melhor plano não é negociar nem ficar, mas tão rápido quanto podem, cortam o ar e voam para se proteger. Assim seja com você. Deixe os tolos que quiserem negociar com o demônio do inferno; mas, quanto a você, voe para o seu Deus e entre em seus lugares secretos até que a tempestade passe. Uma dica graciosa é esta para vocês, almas ansiosas, que buscam se preparar para Jesus: fora com esse lixo legalista; corram imediatamente; vocês estarão seguros em seguir o bom exemplo dos justos.

Esse correr parece-me significar que *eles não têm nada para carregar*. Para uma pessoa que tem um fardo, quanto mais pesado o fardo, mais difícil seu deslocamento. Mas os justos correm como corredores nos jogos, os quais jogam fora tudo; eles deixam seus pecados para a misericórdia. Se eu tivesse alguma justiça, não a carregaria, mas correria para a justiça de Cristo sem ela; pois minha própria justiça deve ser um obstáculo que eu não poderia suportar. Os pecadores que eu conheço, quando vêm a Cristo, querem trazer toneladas de boas obras, carregam cargas de bons sentimentos, adequações e arrependimentos e assim por diante; mas os justos não fazem tal coisa; eles apenas se esquecem de tudo o que lhes é próprio e consideram isso apenas escória e esterco para que possam correr para Cristo e serem achados nele. A justiça do evangelho está totalmente em Jesus, não naquele que crê.

Parece-me também que esta expressão não só implica falta de preparação e não ter nada para carregar, mas significa que *o medo os apressa*. As pessoas não correm para um castelo a menos que tenham medo. Mas quando o vingador da morte está logo atrás, então rapidamente elas vão voando. É maravilhoso como o temor a Deus ajuda a fé. Há alguém afundando lá no rio; ele não sabe nadar, ele *deve* estar se afogando! Vejam! Vejam como ele está descendo! Nós empurramos uma tábua para ele; com que força ele a agarra; e quanto mais ele está convencido de que não tem poder para flutuar, mais firmemente ele se apega a essa esperança. Eu digo que o medo pode até levar alguém à fé, e emprestar-lhe asas para voar onde mais ele poderia ter se arrastado com pés lentos. A fuga é a fuga do medo, mas o refúgio é o refúgio da fé. Ó pecador, se o justo voa, qual deve ser o seu andar? Novamente, parece-me que *há um enorme desejo aqui*, como se o cristão não se sentisse seguro até entrar em seu Deus. E, portanto, do mesmo modo que o cervo perseguido pelos cães apressa sua fuga por causa dos latidos à medida que o barulho fica cada vez mais alto, vejam como ele pula de penhasco em penhasco, atravessa o riacho, voa sobre aquela colina além, perde-se no matagal mais adiante, mas logo pula através do vale; assim, o cristão voa para seu querido Deus em busca de segurança quando os cães do inferno e os cães da tentação são soltos contra ele. O desejo intenso! Onde se pode encontrar algo semelhante? "Como suspira a corça pelas correntes das águas, assim, por ti, ó Deus, suspira a minha alma. A minha alma tem sede de Deus, do Deus vivo; quando irei e me verei perante a face de Deus?" Ó pecador convicto, qual deveria ser seu desejo se assim os justos almejam por Deus? Irmãos, posso acrescentar aqui que existe uma *ausência de qualquer hesitação*. O cristão corre. Você sabe que, se quisermos que alguém nos ajude, colocamos a mão na testa e consideramos: "Vamos ver, para onde iremos? Estou em grandes apuros, para quem devo correr? Quem será o melhor amigo para mim?". Os justos nunca fazem essa pergunta, pelo menos quando estão com a mente sã, nunca o fazem; mas no momento em que seu problema chega, eles correm imediatamente para o seu Deus, pois sentem que têm plena permissão para dirigir-se a Ele; e de novo, eles sentem que não têm mais nenhum outro lugar para correr. "Para quem ou para onde devo ir se pudesse me afastar de ti?" é uma pergunta que é sua própria resposta. Então entenda que em nosso texto há desejo intenso, a ausência de qualquer hesitação; há medo e ainda há coragem; não há preparação, há o abandono de todo fardo. "O justo corre para a sua torre alta e está seguro."

Amados, vou deixar esse ponto sobre o qual acabei de falar. Lembre-se de que quando alguém entra em um castelo, ele está seguro por causa da inexpugnabilidade do castelo; ele não está seguro por causa da maneira como entrou no castelo. Você ouve alguém lá dentro dizendo:

— Nunca serei ferido porque vim para o castelo da maneira certa.

Você dirá a ele:

— Não, não, não, não é a maneira como você entrou no castelo, mas o próprio castelo é nossa defesa.

Portanto, alguns de vocês podem estar pensando: "Eu vim a Cristo, mas temo não ter vindo direito". Mas não é a sua vinda, é Cristo que o salva. Se você está em Cristo, não me importa como você entrou, pois tenho certeza de que não poderia entrar exceto pela porta; se você entrar uma vez, Ele nunca o jogará fora; Ele nunca afastará uma alma que vem a Ele por qualquer motivo. Sua segurança não está em como você veio, pois na verdade sua segurança está nele. Se alguém corresse para um castelo e carregasse todas as joias de um reino consigo, ele não estaria mais seguro por causa das joias; e se outra pessoa entrasse sem roupas limpas, ela não estaria em maiores perigos por causa de seus farrapos. É o castelo, é o castelo, não a pessoa. As paredes sólidas, os bastiões fortes, as muralhas compactas, os muros poderosos, esses constituem a defesa, não a pessoa, nem ainda a riqueza dela, nem ainda o caminho pelo qual ela veio. Amados, é verdade que a salvação vem do Senhor, e todo aquele que olhar para fora de si esta noite, todo aquele que olhar para Cristo apenas verá que Ele é uma torre forte; ele pode correr para o seu Senhor e estar seguro.

III

E agora, a nossa terceira e última observação. Vocês que têm Bíblias com margens, apenas olhem para elas. Vocês verão que a segunda parte do texto é colocada na margem assim – "para ela correrá o justo e estará em alto retiro". Nossa primeira tradução é: "para ela correrá o justo e estará seguro" – aí está a questão de fato. A outra tradução é: "Ele estará em alto retiro" – aí está a questão da experiência alegre.

1. Agora, primeiro vamos ver *a questão de fato*. Alguém que está abrigado em seu Deus – alguém que habita nos recônditos do tabernáculo do Altíssimo, que está escondido em seu pavilhão e está assentado sobre uma rocha, está seguro; primeiro, *quem pode fazer-lhe mal?* O Diabo? Cristo pisou na cabeça dele. A vida? Cristo levou a sua própria vida ao céu; pois estamos mortos e "nossa vida está oculta juntamente com Cristo, em Deus". A morte? Não; o último inimigo a ser destruído é a morte. "Onde está, ó morte, o teu aguilhão? Onde está, ó inferno, a tua vitória?" A lei? Ela está cumprida e está morta para aquele que crê, e ele não está sob sua maldição. O pecado? Não; isso não pode fazer mal ao que crê, pois Cristo o matou. Cristo levou os pecados do que crê sobre si e, portanto, os pecados não estão mais sobre quem crê. Cristo levou os pecados do que crê e os lançou no mar Vermelho de seu sangue expiatório; as profundezas os cobriram, nenhum deles sobrou. Todo o pecado que aquele que crê já cometeu está agora apagado, e uma dívida que é cancelada nunca pode colocar alguém na prisão; uma dívida que está paga, mesmo sendo tão vultosa, nunca pode tornar alguém um falido – foi liquidada, deixou de existir. "Quem intentará acusação contra os eleitos de Deus? É Deus quem os justifica. Quem os condenará? É Cristo Jesus quem morreu ou, antes, quem ressuscitou, o qual está à direita de Deus e também intercede por nós." Quem pode fazer-nos mal? Que tenha permissão para fazer o que quiser; o que ele pode fazer? *Quem novamente tem o poder de nos atingir?* Estamos nas mãos de Cristo. Que flecha penetrará em sua mão para alcançar nossas almas? Estamos sob o manto de Deus. Que força arrancará o manto de Deus para atingir seus amados? Nossos nomes estão escritos nas mãos de Jesus, quem pode apagar essas linhas eternas? Somos joias da coroa do Emanuel. Que dedos ladrões roubarão essas joias? Estamos em Cristo. Quem será capaz de nos despedaçar do mais íntimo do seu coração? Somos membros de seu corpo. Quem mutilaria o Salvador? "Eu vos levei sobre asas de águia", disse Deus. Quem perfurará o peito do Eterno, a grande águia do céu? Isso deveria ser feito antes que as aguiazinhas, os jovens filhos de Deus, gerados para uma esperança viva, pudessem ser alcançados. Quem pode nos atingir? Deus se interpõe; Cristo está no caminho; e o Espírito Santo nos guarda como uma guarnição. Quem se levantará contra o Onipotente? Dezenas de milhares de poderes criados devem cair diante dele, pois no Senhor Deus está a força eterna. *Que arma existe que pode ser usada contra nós?* Seremos mortos? Depois de morrer é que começamos a viver. Seremos banidos? Depois disso é que estamos mais perto de nosso lar. Seremos despidos? Como podem rasgar a vestimenta da justiça imputada? Confiscarão nossas propriedades? Como podem tocar em nosso tesouro, já que está tudo no céu? Seremos flagelados? Doce será o sofrimento quando Cristo estiver presente conosco. Seremos lançados em uma masmorra? Onde o espírito livre encontrará uma prisão? Que grilhões podem amarrar alguém que é livre em Cristo? A língua nos atacará? Toda língua que se levantar contra nós em julgamento, nós a condenaremos. Não imagino que uma nova arma possa ser forjada, pois certamente a bigorna da Igreja quebrou todos os martelos que já foram usados para golpeá-la, e ela permanece ilesa ainda. Aquele que crê está – deve estar – seguro. Eu disse esta manhã que se aquele que crê em Cristo não for salvo para sempre, então, amados, não há nenhum significado na Palavra de Deus; e digo mais uma vez, e digo sem me desculpar por isso: eu nunca poderia receber esse livro como o livro de Deus, se pudesse ser provado a mim que ele não ensina a doutrina da segurança daqueles que confiam em Cristo. Eu nunca poderia crer que Deus falaria de tal maneira que fizesse dezenas de milhares de nós, sim milhões de nós, crer que Ele nos guardaria e, ainda assim, nos rejeitaria. Também não creio que Ele usaria palavras que, para dizer o mínimo, parecem ensinar a perseverança final, se Ele não tivesse a intenção de nos ensinar a doutrina. Todos os teólogos arminianos que já viveram não podem provar a total apostasia dos que creem; eles podem atacar alguns outros pontos da doutrina calvinista; existem alguns pontos de nossa forma de doutrina que aparentemente são muito mais vulneráveis. Deus nos livre de sermos tão tolos a ponto de negar que existem dificuldades em todos os sistemas de teologia, mas na perseverança dos santos não há dificuldade. É tão fácil derrubar um oponente aqui como seria fácil perfurar um escudo de papelão com uma lança. Esteja confiante, você que crê, que esta é a verdade de Deus, que aqueles que confiam em Deus serão como o monte Sião, que nunca será abalado, mas permanece para sempre.

2. Mas agora concluímos, observando que nosso texto não apenas nos ensina nossa segurança, mas *nossa experiência dela*. "Ele o porá em alto retiro." Aquele que crê em seus dias de glória (e eles deveriam ser todos os dias) é como uma águia empoleirada no alto de um penhasco altíssimo. Lá embaixo, está um caçador que atacaria de bom grado o pássaro real; ele tem seu rifle com ele, mas seu rifle não alcançaria um terço do caminho; então o pássaro real o olha, o vê carregar, preparar e mirar, e o olha com silencioso desprezo, sem pretender nem mesmo se dar ao trabalho de esticar uma de suas asas; ele o vê carregar novamente, ouve a bala lá embaixo, mas está bem seguro porque está lá em cima. Essa é a condição do cristão fiel diante de Deus. Ele pode desprezar todas as provações e tentações; todo adversário e todo ataque maligno, pois Deus é sua torre forte e "Ele o porá em alto retiro". Quando algumas pessoas escrevem ao jornal uma carta muito incisiva, amarga e mordaz contra o pastor, ó, pensam: "Ele vai sentir muito isso! Como isso irá feri-lo profundamente!". E, no entanto, se eles tivessem visto aquele homem ler tudo, dobrar o jornal e jogá-lo no fogo, dizendo: "Que bênção é ter alguém prestando atenção em mim", se pudessem vê-lo ir para a cama e dormir melhor porque pensa que recebeu uma grande honra por ter sido insultado por Cristo, certamente veriam que seus esforços são apenas uma atitude de ódio que não leva a lugar nenhum. Não acho que nossos inimigos se importariam tanto em nos fazer felizes se soubessem como somos abençoados por sua maldade. "Preparas uma mesa perante mim na presença dos meus inimigos", disse Davi. Alguns soldados nunca comem tão bem como quando seus inimigos estão olhando; pois há uma espécie de entusiasmo em cada garfada que comem, como que se dissessem: "arrancado da boca do leão e da pata do urso, e desafiando a todos vocês, em nome do Mais Supremo Deus eu festejo ao máximo e, em seguida, levanto meu estandarte". O Senhor coloca seu povo em alto retiro. Há muitos que não parecem estar em um alto retiro. Você os encontra no mercado de grãos, e eles dizem: "O trigo não dá mais lucro como antes; a agricultura não é boa para ninguém". Ouça outros depois daqueles vendavais, daqueles vendavais equinociais, quando tantos navios afundaram, dizer: "Ah! Você pode muito bem ter pena de nós, pobres sujeitos que temos negócios com transporte marítimo. Tempos terríveis estes... Estamos todos certos de que estaremos arruinados". Observem muitos de nossos comerciantes: "Esta Exposição nos deu um pequeno impulso, mas assim que isso acabar, não haverá nada a fazer; o comércio nunca esteve tão fraco". O comércio está fraco desde que cheguei a Londres, e já faz nove anos! Não sei como é, mas nossos amigos estão sempre perdendo dinheiro, mas também se dão muito bem. Alguns que eu conheço começaram do nada; e eles estão ficando muito ricos agora, mas é tudo para perder dinheiro, se eu quiser acreditar no que eles me dizem. Certamente isso não é se sentar em um alto retiro; certamente isso não é viver no alto. Este é um tipo de vida baixo para um filho de Deus. Não gostaríamos de ter visto o Príncipe de Gales em sua infância brincando com as crianças na rua, e suponho que vocês não gostariam de vê-lo agora entre os carregadores de carvão em uma partida de luta livre. Nem deve o filho de Deus ser visto empurrando e agarrando como se este mundo fosse tudo, sempre usando uma pá para juntar as coisas deste mundo, em vez de estar com plena satisfação com as coisas que ele tem, pois Deus disse: "Não te deixarei, nem te desampararei". Não tenho nem um pouco de vergonha de não viver mais nas alturas, pois sei que quando ficamos deprimidos, abatidos e duvidosos, dizemos muitas palavras incrédulas e que desonram a Deus. Está tudo errado. Não devemos ficar aqui nestes pântanos de dúvidas carnais. Nunca devemos duvidar de nosso Deus. Que os pagãos duvidem de seu deus, pois bem podem, mas nosso Deus fez os céus. Que povo feliz vocês deveriam ser! Quando não o somos, não somos fiéis aos nossos princípios. Existem 10 mil argumentos nas Escrituras para a felicidade do cristão; mas não sei se há um argumento lógico para a infelicidade. Essas pessoas que abaixam o rosto e, como os hipócritas, fingem ter uma expressão triste, essas, eu digo, clamam: "Senhor, que terra miserável é esta que não nos dá suprimentos". Eu deveria pensar que elas não pertencem aos filhos de Israel; pois os filhos de Israel encontram no deserto uma rocha seguindo-os com seus riachos de água e maná caindo todos os dias, e quando eles querem, vêm as codornizes e assim a terra miserável se enche de bons suprimentos. Antes, regozijemo-nos em nosso Deus. Eu não gostaria de ter um criado que sempre andasse com uma expressão cabisbaixa, porque, vocês sabem, iriam dizer: "Que mestre ruim esse homem tem". E quando vemos cristãos com aparências tão tristes, podemos pensar que eles não podem ter um Deus bom em quem confiar. Venham, amados, vamos mudar nosso tom, pois temos uma torre forte e estamos seguros. Vamos dar um passeio pelas muralhas, não vejo razão para estarmos sempre no fundo da masmorra; vamos subir até o topo das muralhas onde o estandarte ondula no ar fresco e vamos soar o clarim de desafio para nossos inimigos novamente, e deixá-lo soar através da planície de onde vem aquele cavaleiro de cavalo branco lívido, carregando a lança de morte; vamos desafiar até ele. Toquem um tom novamente; saúdem a noite e façam o despertar da manhã alegrar-se. Sentinela no topo do castelo, grite ao seu companheiro lá longe e deixe cada torre e cada torreão das grandes ameias se expressar com o louvor daquele que disse:

Paredões de rocha assombrosa,
Sua habitação será;

De lá sua alma, sem se abalar
O desfazer do mundo contemplará.

Pecador, novamente digo que a porta está aberta; corra para a misericórdia de Deus em Cristo e esteja seguro.

*Pregação ministrada em 26 de outubro de
1862 no Metropolitan Tabernacle.*

5

UM AMIGO FIEL

"Há amigo mais chegado do que um irmão."
Provérbios 18:24

CÍCERO disse muito bem: "A amizade é a única coisa no mundo cuja utilidade é unanimemente reconhecida". A amizade parece um elemento tão necessário para uma existência agradável neste mundo como o fogo ou a água, ou mesmo o próprio ar. Uma pessoa pode arrastar-se ao longo de uma existência infeliz em uma dignidade solitária orgulhosa, mas sua vida é vida minguada, nada mais é que uma existência, a árvore da vida sendo despojada das folhas da esperança e dos frutos da alegria. Quem quer ser feliz aqui deve ter amigos; e quem quiser ser feliz no futuro deve, acima de tudo, encontrar um amigo no mundo que virá na pessoa de Deus, o Pai de seu povo.

A amizade, entretanto, embora muito agradável e extremamente abençoada, tem sido a causa da maior desgraça para os seres humanos quando é indigna e infiel; pois na mesma proporção em que um bom amigo é doce, um falso amigo é cheio de amargura. "Um amigo infiel é mais afiado do que o dente de uma víbora." É doce confiar em alguém; mas ó, como é amargo ter esse apoio rompido e receber uma queda dolorosa como o efeito de sua confiança. A fidelidade é absolutamente necessária em um verdadeiro amigo; não podemos nos alegrar com as pessoas, a menos que elas sejam fiéis a nós. Salomão declara que "há amigo mais chegado do que um irmão". Esse amigo, suponho, ele nunca encontrou nas pompas e vaidades do mundo. Ele havia testado todos eles, mas os descobriu vazios; ele passou por todas as suas alegrias, mas as descobriu serem "vaidade das vaidades".

O pobre Savage[1] falou de uma triste experiência quando disse:

Você verá que a amizade do mundo é um show!
Um mero show exterior! É como as lágrimas da prostituta,
A promessa do estadista, ou o zelo do falso patriota,
Cheio de aparência justa, mas tudo ilusão.

E assim são na maior parte. A amizade do mundo é sempre frágil. Confie nela, e você confiará em um ladrão; fie-se nela, e você se apoiará em um espinho; sim, pior do que isso, em uma lança

---

[1] Richard Savage (c. 1697-1743) foi um poeta inglês. Escreveu a tragédia *Sir Thomas Overbury* (1723), baseada na vida deste, de onde foi tirado o trecho citado.

que deve perfurar sua alma com agonia. No entanto, Salomão diz que encontrou "um amigo mais chegado do que um irmão". Não nos esconderijos de seus prazeres desenfreados nem nas perambulações de seus recursos ilimitados, mas no pavilhão do Altíssimo, a morada secreta de Deus, na pessoa de Jesus, o Filho de Deus, o Amigo dos pecadores.

É muito bom afirmar que "há um amigo mais chegado do que um irmão", pois o amor fraterno produziu feitos mais valentes. Lemos histórias sobre o que a fraternidade pôde fazer, que achamos que dificilmente poderia ser superado nas crônicas da amizade. Timoleão,[2] com seu escudo, parou sobre o corpo de seu irmão morto para defendê-lo dos insultos do inimigo. Foi considerado um ato corajoso de fraternidade ele ter enfrentado as lanças de um exército em defesa do cadáver de seu irmão. E muitos desses exemplos de apego aos irmãos têm ocorrido na guerra antiga e moderna. Conta-se a história de um regimento das Terras Altas escocesas que, enquanto marchava pelas Terras Altas, se perdeu; foram surpreendidos por uma das terríveis tempestades que às vezes sobrevêm aos viajantes desprevenidos e, cegos pela neve, perderam-se nas montanhas. Quase congelados até à morte, foi com dificuldade que eles puderam continuar sua marcha. Um homem após o outro caiu na neve e desapareceu. No entanto, havia dois irmãos de sobrenome Forsythe; um deles caiu prostrado no chão e teria ficado ali para morrer, mas seu irmão, embora mal conseguisse arrastar seus próprios membros pelo deserto branco, o pegou nas costas e o carregou

---

[2] Timoleão (c. 411-337 a.C.) foi um estadista e general coríntio, ligado à história da Sicília.

consigo, e como outros caíram um por um, este bravo irmão de coração sincero carregou seu amado irmão nas costas, até que finalmente ele próprio caiu vencido pelo cansaço e morreu. Seu irmão, entretanto, recebeu tanto calor de seu corpo que foi capaz de chegar ao fim de sua jornada em segurança, e assim viveu. Aqui temos o exemplo de um irmão sacrificando sua vida por outro. Espero que haja alguns irmãos aqui que estariam preparados para fazer o mesmo se algum dia fossem colocados na mesma dificuldade. É muito bom declarar que "há um amigo mais chegado do que um irmão". É colocar aquele amigo em primeiro lugar na lista dos entes queridos; pois certamente, próximo ao amor de uma mãe, não há e não deve haver nenhuma afeição maior no mundo do que o amor de um irmão por alguém gerado do mesmo pai e embalado no mesmo colo. Aqueles que "cresceram em beleza lado a lado e encheram uma casa de alegria",[3] devem amar uns aos outros. E pensamos que houve muitos casos gloriosos e provas poderosas do amor dos irmãos. No entanto, diz Salomão: "há um amigo mais chegado do que um irmão".

Para repetir nossa afirmação, acreditamos que esse amigo é o bendito Redentor, Jesus Cristo. Caberá a nós, primeiro, provar nesta manhã *o fato de que Ele é mais chegado do que um irmão*; então, o mais brevemente possível, mostrar a vocês *porque Ele é mais chegado do que um irmão*; e, para terminar, dando-lhes *algumas lições que podem ser tiradas da doutrina de que Jesus Cristo é um Amigo fiel.*

---

[3] Citação de *The Graves of a Household*, de Felicia Hemans.

I

Em primeiro lugar, amados, afirmamos que *Cristo é "um amigo mais chegado do que um irmão"*. E para provar isso com os fatos, apelamos para aqueles de vocês que o experienciaram como um amigo. Cada um de vocês não dará o seu veredicto de uma vez, de que isso não é nem mais nem menos do que uma verdade não exagerada? Ele amou você antes de todos os mundos; muito antes de o sol lançar seus raios através da escuridão, antes que as asas dos anjos batessem no cosmos não navegado, antes que qualquer coisa da criação tivesse lutado para sair do ventre do nada, Deus, o nosso Deus, colocou seu coração em todos os seus filhos. Desde aquela época, Ele alguma vez se retirou, alguma vez se desviou, alguma vez mudou? Não, vocês que experimentaram seu amor e conhecem sua graça me darão testemunho de que Ele foi um amigo certo em circunstâncias incertas.

> Ele, perto do seu lado sempre esteve.
> Sua bondade, ó! Como é boa.

Você caiu em Adão; Ele deixou de amá-lo? Não. Ele se tornou o segundo Adão para redimi-lo. Você pecou em atos e trouxe sobre sua cabeça a condenação de Deus; você mereceu sua ira e sua raiva absoluta; Ele então o abandonou? Não!

> Ele o viu corrompido pela queda,
> No entanto, apesar de tudo, amou-o.

Ele enviou seu obreiro atrás de você; você o desprezou; ele pregou o evangelho em seus ouvidos; você riu dele; você quebrou o sábado de Deus[4], você desprezou sua Palavra. Ele então o abandonou? Não!

> Determinado a salvar, Ele guardou o seu caminho,
> Enquanto, escravo cego de Satanás, você se divertia com
> a morte.

E por fim, Ele prendeu você com sua graça, o fez alguém humilde, o fez um arrependido, o pôs de pé e perdoou todos os seus pecados. Por causa disso Ele o deixou? Você muitas vezes o deixou; Ele já o deixou? Você passou por muitas provações e problemas; Ele já o abandonou? Ele alguma vez desviou seu coração e deixou de se compadecer? Não, filhos de Deus, é seu dever solene dizer "Não" e testemunhar sua fidelidade. Você passou por graves aflições e por circunstâncias perigosas; seu amigo abandonou você? Outros têm sido infiéis com você; quem comia pão à sua mesa levantou o calcanhar contra você; mas Cristo já o desamparou? Já houve um momento em que você pudesse ir até Ele e dizer: "Mestre, tu me traíste"? Você poderia uma vez, na hora mais negra de sua dor, ousar contestar a fidelidade dele? Você poderia ousar dizer a respeito dele: "Senhor, prometeste o que não fizeste"? Você não vai dar testemunho agora: "Nem uma coisa boa falhou de tudo o que o Senhor Deus prometeu, tudo aconteceu"? E você teme que Ele ainda vá abandoná-lo? Pergunte então aos que brilham diante do trono: "Ó espíritos glorificados! Cristo abandonou vocês? Vocês

---
[4] Para Spurgeon, o domingo.

passaram pelo rio Jordão; Ele os deixou lá? Vocês foram batizados no dilúvio negro da morte; Ele os abandonou lá? Vocês estiveram diante do trono de Deus; Ele então negou vocês?". E eles responderão: "Não. Ao longo de todas as dificuldades de nossas vidas, em toda a amargura da morte, em todas as agonias de nossos momentos finais e em todos os terrores do julgamento de Deus, Ele tem estado conosco, 'um amigo mais chegado do que um irmão'". De todos os milhões de redimidos de Deus, não há sequer um que Ele tenha abandonado. Eles têm sido pobres, mesquinhos e aflitos, mas Ele nunca abominou suas orações, nunca se desviou de fazer-lhes o bem. Ele sempre esteve com eles.

> Pois a sua misericórdia durará,
> Sempre fiel, sempre constante será.

Mas não me demorarei mais, pois não posso provar isso aos ímpios, e aos santos isso já está provado, pois eles sabem disso por experiência; assim, é pouco necessário que eu faça mais do que apenas certificar o fato de que Cristo é um amigo fiel – um amigo em cada hora de necessidade e de angústia.

II

E agora eu tenho de dizer a você *as razões pelas quais podemos depender de Cristo como um amigo fiel.*

Existem algumas coisas nele que tornam certo que Ele se achegará ao seu povo.

1. A verdadeira amizade só pode ser feita entre pessoas verdadeiras. Os corações são a alma da honra. Não pode haver amizade duradoura entre pessoas más. Pessoas más podem fingir que se amam, mas sua amizade é um vínculo frágil que se quebrará a qualquer momento conveniente; mas se alguém tem um coração sincero dentro dele e é verdadeiro e nobre, então podemos confiar nele. Spenser[5] canta em belos versos antigos:

> Certamente não pode tal amizade muito durar,
> Por mais alegre e boa que sejam suas feições,
> Porque mal faz ou em um fim trágico se reverterá,
> Pois a virtude é a faixa que com mais certeza ata os corações.

Mas quem pode encontrar uma mancha no caráter de Jesus, ou quem pode manchar sua honra? Já houve uma mancha em seu escudo? Sua bandeira já foi pisoteada na poeira? Ele não é a verdadeira testemunha no céu, o fiel e o justo? Não é declarado dele que Ele é Deus que não pode mentir? Não o encontramos até este momento? E não podemos, sabendo que Ele é "Santo, santo, santo Senhor", confiar que Ele será mais chegado a nós do que um irmão? Sua bondade é a garantia de sua fidelidade; Ele não pode nos decepcionar.

2. *A fidelidade a nós em nossos erros* é um sinal certo de fidelidade em um amigo. Você pode confiar naquela pessoa que lhe falará de seus erros de modo gentil e amável. Hipócritas aduladores, bajuladores traiçoeiros, são o lixo e o refugo da amizade. Eles são apenas os parasitas daquela nobre árvore. Mas os verdadeiros amigos

---

[5] Edmund Spenser (1552-1599), um dos primeiros grandes poetas ingleses.

confiam o suficiente em você para lhe contar abertamente sobre seus defeitos. Dê-me como amigo alguém que fale honestamente de mim diante de mim; que não contará primeiro a um vizinho e depois a outro, mas que virá direto à minha casa e dirá: "Sinto que existe tal e tal coisa em você, da qual, como meu irmão, devo lhe falar". Tal pessoa é um verdadeiro amigo; ela provou ser assim; pois nunca recebemos nenhum elogio por contar às pessoas seus erros; preferimos arriscar sua antipatia; alguém às vezes vai agradecer por isso, mas nem sempre gostará mais de você. Elogios são algo que todos amamos. Encontrei-me com alguém outro dia que disse ser imune a adulações; eu estava caminhando com ele naquele instante e, virando-me bruscamente, disse:

— De qualquer forma, parece que você tem um grande talento para se adular, pois o está realmente fazendo ao dizer que é imune a adulações.

—Você não pode me adular, disse ele.

Respondi:

— Posso, se quiser; e talvez possa fazê-lo antes do fim do dia.

Descobri que não poderia adulá-lo diretamente, então comecei dizendo que filho excelente ele tinha; e ele bebeu aquilo como se fosse um gole delicioso; e quando elogiei este e aquele pertences, pude ver que ele era facilmente adulável; não diretamente, mas indiretamente. Todos nós somos permeáveis à adulação; gostamos da cordialidade reconfortante, só que não deve ser rotulada de adulação; pois temos uma aversão religiosa a ela, se podemos chamar assim; chamem-na por qualquer outro nome e nós a bebemos, assim como o boi bebe água. Agora, filho de Deus, Cristo tem adulado você? Ele não lhe contou sobre seus erros de modo verdadeiro? Ele não cutucou sua consciência mesmo com o que você pensou em encobrir – seus pequenos pecados secretos? Ele não provocou a consciência para trovejar em seus ouvidos notas de terror por causa de seus delitos? Pois bem, você pode confiar nele, pois Ele mostra aquela fidelidade que torna alguém justo digno de confiança. Assim, indiquei a você que existem razões nele mesmo pelas quais podemos confiar nele.

3. Em seguida, *há algumas coisas na amizade do Cristo que nos dão a certeza de não sermos enganados, quando colocamos nossa confiança nele.* A verdadeira amizade não deve crescer precipitadamente. Como diz o singular Mestre Fuller:[6] "Deixe a amizade crescer suavemente; se ela correr para crescer, pode em breve ficar sem fôlego". E é desse jeito. Acho que foi Joanna Baillie[7] que disse:

> A amizade não é uma planta de crescimento rápido.
> Embora plantada no solo profundo e firme da estima,
> A cultura gradual do convívio amável
> Deve levá-la à perfeição.

Em vão você confia na aboboreira sobre a sua cabeça, ó Jonas; não será de muito uso para você; surgiu em uma noite, pode murchar em uma noite. É o carvalho forte e rígido de antigo que suportará a tempestade; que igualmente abrirá suas asas para o proteger do sol, e depois encontrará para você uma cabana em seu coração, se necessário, em sua velhice cinzenta, quando seus galhos tremem com o vento forte. A amizade é verdadeira quando

---

[6] Thomas Fuller (1608-1661) foi um clérigo e historiador inglês.
[7] Joanna Baillie (1762-1851) foi uma dramaturga e poetisa escocesa.

começa; mas devemos ter a amizade de alguém por bastante tempo muito antes de podermos dizer dele que será mais chegado do que um irmão. E há quanto tempo Cristo ama você? Isso você não pode dizer. Quando as eras não haviam nascido ainda, Ele amou você; quando este mundo era um recém-nascido envolto em panos de névoa, Ele amou você; quando as velhas pirâmides ainda não haviam começado a ser construídas, seu coração estava posto sobre você; e desde que você nasceu, Ele teve uma grande afeição por você. Ele olhou para você em seu berço e então o amou; Ele estava prometido a você quando você era uma criança há muito tempo, e Ele o amou desde então. Vejo alguns de vocês com cabelos grisalhos, alguns com cabeças carecas pela idade; Ele amou vocês até hoje, e Ele irá abandoná-los agora? Ó, não! Sua amizade é tão antiga que deve durar; foi amadurecida por tantas tempestades, foi enraizada por tantos ventos de angústia que simplesmente não pode deixar de persistir; deve permanecer. Assim como o pico de granito da montanha não derreterá, porque, ao contrário da neve, ela enfrentou a pressão e suportou o calor do sol escaldante; ele sempre se sobressaiu, recebendo em sua superfície cada golpe da natureza, e ainda assim permaneceu imóvel e ileso. Deve resistir porque resistiu. Mas quando os elementos derreterem e em uma torrente de fogo dissolvente escorrerem, então a amizade de Cristo ainda existirá, pois é de um crescimento mais antigo do que eles. Ele deve ser "um amigo mais chegado do que um irmão"; pois sua amizade é uma amizade antiga – tão antiga como sua própria cabeça embranquecida, da qual se diz: "A sua cabeça e cabelos eram brancos como lã branca, como a neve".

4. Mas note ainda: *a amizade que dura não cresce nas câmaras da alegria nem é alimentada e engordada ali*. Senhorita, você fala de um querido amigo que você conheceu ontem à noite em um salão de baile. Eu lhe imploro que não faça mau uso da palavra; ele não é um amigo, se você acabou de conhecê-lo lá; amigos são coisas melhores do que aquelas que crescem na estufa do bel-prazer. A amizade é uma planta mais duradoura do que essas. Você tem um amigo, não é? Sim; e ele mantém um par de cavalos e tem uma boa situação financeira. Ah! Mas a melhor maneira de provar seu amigo é saber que ele será seu amigo quando você não tiver nem mesmo uma mísera casa de campo e quando, sem casa e sem roupas, for levado a mendigar o pão. Assim, você daria a verdadeira prova de um amigo. Dê-me um amigo que nasceu no inverno, cujo berço foi balançado na tempestade; ele vai durar. Nossos amigos do bom tempo devem fugir de nós. Prefiro um sabiá como amigo a uma andorinha; pois a andorinha só fica conosco no verão, mas o sabiá vem até nós no inverno. Esses são amigos íntimos que mais chegarão a nós quando estivermos mais angustiados; mas aqueles que se afastam rapidamente quando os tempos difíceis chegam não são amigos. Você que crê, você tem razão para temer que Cristo o deixe agora? Ele não esteve com você durante o luto? Você encontrou seu amigo onde as pessoas encontram pérolas, "em cavernas profundas, onde habita a escuridão"; você encontrou Jesus em sua hora de angústia. Foi no leito da doença que você aprendeu pela primeira vez o valor de seu nome; foi na hora de angústia mental que você primeiro agarrou a orla de sua vestimenta; e desde então, seu mais próximo e mais doce relacionamento foi mantido com Ele nas horas de escuridão. Pois bem, tal amigo – provado durante tristeza –, um amigo que deu o sangue do coração por você e deixou sua alma correr em um grande rio de sangue, nunca pode e nunca irá abandoná-lo; Ele é mais chegado do que um irmão.

5. Novamente, *um amigo que é feito pela insensatez nunca é um amigo duradouro*. Faça uma coisa idiota e faça de uma pessoa sua amiga; é apenas uma ligação pelo erro, e você logo descobrirá que a amizade dele não vale nada; a amizade que você adquire fazendo coisas erradas, é melhor você ficar sem. Ó! Quantas amizades tolas estão surgindo, mero fruto de um sentimentalismo, sem nenhuma raiz, mas como a planta da qual nosso Salvador nos diz: "Ela nasceu, visto não ser profunda a terra". A amizade de Jesus Cristo não é assim; não há nenhuma gota de insensatez nela; Ele nos ama discretamente, sem ignorar ou ser conivente com nossas insensatezes, mas instilando em nós sua sabedoria. Seu amor é sábio; Ele nos escolheu de acordo com o conselho de sua sabedoria; não cega e precipitadamente, mas com todo discernimento e prudência.

Dentro desse ponto, posso, do mesmo modo, observar que *a amizade da ignorância não é muito desejável*. Não desejo que ninguém se chame de meu amigo se não me conhecer. Que ele me ame na proporção do que conhece de mim. Se ele me ama pelo pouco que sabe, quando souber mais, pode me deixar de lado. "Aquele homem", diz alguém, "parece ser um homem muito amável". "Tenho certeza de que consigo amá-lo", diz outro enquanto examina seus traços. Sim, mas não escreva "amigo" ainda; espere um pouco até saber mais sobre ele; apenas veja-o, examine-o, prove-o, teste-o e só depois inclua-o na lista sagrada de amigos. Seja amigável com todos, mas não faça nenhum amigo até que eles o conheçam e você os conheça. Muitas amizades nascidas nas trevas da ignorância morreram repentinamente à luz de uma melhor familiaridade uns com os outros. Você supunha que as pessoas fossem diferentes do que eles eram e, quando descobriu seu verdadeiro caráter, as desconsiderou. Lembro-me de alguém me dizer:

— Tenho grande afeição por você, senhor — e mencionou um certo motivo.

Eu respondi:

— Meu caro amigo, sua razão é absolutamente falsa; exatamente o que você ama em mim, eu não sou, e espero que nunca seja.

E então eu disse:

— Realmente não posso aceitar sua amizade, se ela for fundamentada em um mal-entendido sobre o que posso ter dito.

Mas nosso Senhor Jesus nunca pode abandonar aqueles a quem Ele ama, porque não pode descobrir nada em nós pior do que conhecia, pois Ele conhecia tudo sobre nós de antemão. Ele viu nossa lepra e, no entanto, nos amou; Ele conhecia nossa falsidade e incredulidade e, ainda assim, abraça-nos forte contra seu peito; Ele sabia como éramos pobres tolos, mas disse que nunca nos deixaria nem nos desampararia. Ele sabia que deveríamos nos rebelar contra Ele e desprezar seu conselho muitas vezes; Ele sabia que mesmo quando o amássemos, nosso amor seria frio e débil, mas Ele amava por si mesmo. Certamente então Ele será mais chegado do que um irmão.

6. Mais uma vez, *a amizade e o amor, para serem reais, não devem estar em palavras, mas em ações.* A amizade do simples elogio é a moda desta época, porque esta é a era do engano. O mundo é a grande casa da farsa. Vá aonde você quiser em uma grande cidade, a farsa está o encarando; existem poucas coisas reais a serem descobertas.

Não me refiro apenas às trapaças nos negócios, adulterações nos alimentos e coisas do gênero. A decepção não se limita à loja do comerciante. Prevalece em toda a sociedade; o santuário não está isento. O pregador adota uma voz falsa. Você quase nunca ouve alguém falar no púlpito da mesma maneira que falaria na sala de estar. Ora, eu ouço meus irmãos às vezes, quando estão lanchando ou no jantar, falarem em uma voz muito confortável e decente, mas quando eles sobem em seus púlpitos, adotam um tom hipócrita e enchem suas bocas com uma expressão exagerada, ou então choram lamentavelmente. Eles degradam o púlpito fingindo honrá-lo, falando com uma voz que Deus nunca pretendeu que nenhum mortal tivesse. Esta é a grande casa da farsa; e essas pequenas coisas mostram para que lado sopra o vento. Você deixa seu cartão na casa de um amigo; isso é um ato de amizade – o cartão! Eu me pergunto: Se ele estivesse sem dinheiro, você deixaria seu extrato bancário? Você escreve no cartão: "Meu querido senhor" [...] "Atenciosamente", e é uma farsa; você não quis dizer isso. "Querido" é uma palavra sagrada; só deve ser usada por aqueles que você considera com afeto; mas agora, toleramos falsidades como se fossem verdades, e as chamamos de cortesias. Podem ser cortesias, mas em muitos casos são inverdades. Ora, o amor de Cristo não reside em palavras, mas em ações. Ele não diz: "Meu querido povo", mas Ele expôs o coração dele, e pudemos ver o que era. Ele não vem até nós e diz: "Amados", meramente; mas Ele está pendurado na cruz, e lá lemos "Muito amados" em letras vermelhas. Ele não vem até nós primeiro com os beijos de seus lábios – Ele nos dá bênçãos com ambas as mãos; Ele se dá *por* nós e então se dá *para* nós. Não confie em nenhum amigo lisonjeiro; confie naquele que lhe dá verdadeiras provas de que valem a pena, que faz por você obras para mostrar a veracidade de seu coração. Tal amigo – e tal é Jesus – "é mais chegado do que um irmão".

7. Mais uma vez, e não vou cansá-los, eu creio. *Um amigo comprado nunca durará muito.* Dê a alguém dezenove vezes e negue-lhe a vigésima, e ele o odiará; pois o amor dele brotou apenas do que você deu. O amor que eu poderia comprar por ouro, venderia por escória; a amizade que eu poderia comprar por pérolas, dispensaria por cascalho; não tinha valor e, portanto, quanto mais rápido a perdesse, melhor. Mas, ó você que crê, o amor de Cristo era amor não comprado. Você não trouxe nenhum presente para Ele. Jacó disse, quando seus filhos foram para o Egito: "Levai de presente a esse homem: um pouco de bálsamo e um pouco de mel, arômatas e mirra, nozes de pistácia e amêndoas"; mas você não levou presentes a Cristo. Quando você veio até Ele, você disse:

> Nada em minhas mãos trago,
> Simplesmente à tua cruz me agarro.

Você nem mesmo prometeu que o amaria, pois tinha um coração tão infiel que nem se atrevia a dizer isso. Você pediu-lhe para fazer você amá-lo; isso era o máximo que você podia fazer. Ele o amou por nada – simplesmente porque Ele o queria amar. Bem, aquele amor que viveu de nada além de seus próprios recursos não morrerá de fome com a escassez de seus retornos; o amor que cresceu em um coração tão duro como uma rocha não morrerá por falta de terra. Esse amor que brotou no deserto árido, em sua alma não irrigada, nunca, nunca morrerá por falta de umidade; deve viver, não pode expirar. Jesus deve ser "um amigo mais chegado do que um irmão".

8. Devo ficar para apresentar mais razões? Posso apenas mencionar uma outra, a saber: que *não pode, de forma alguma, surgir qualquer coisa que possa fazer com que Cristo nos ame menos.* Você diz: "Como é isso?" Uma pessoa ama seu amigo, mas de repente fica rica, e agora ela diz que me sinto uma pessoa melhor do que costumava ser, e esqueço dos meus velhos conhecidos. Mas Cristo não pode ficar mais rico; Ele é tão rico quanto se pode, infinitamente. Ele ama você agora; então, não pode ser possível que Ele, por causa de um aumento em sua própria glória pessoal, o abandone, pois glórias eternas agora coroam sua cabeça; Ele nunca poderá ser mais glorioso e grandioso e, assim, ainda o amará. Às vezes, por outro lado, um amigo fica mais pobre e o outro o abandona; mas você nunca pode ficar mais pobre do que é, pois você é "um pobre pecador e nada mais" agora; você não tem posses; tudo o que você tem foi emprestado, tudo dado por Ele. Desse modo, Ele não pode amar você menos porque você fica mais pobre; pois a pobreza que não tem nada é pelo menos o mais pobre que se pode ser, e nunca pode cair ainda mais na escala. Cristo, portanto, o amará apesar de todo o seu desamparo e toda a sua pobreza.

"Mas posso provar ser pecador", você diz. Sim, mas você não pode ser mais do que Ele sabia antecipadamente que seria; e ainda assim Ele o amou com a presciência de todos os seus pecados. Certamente então, quando acontecer, não causará surpresa a Ele; Cristo sabia de tudo de antemão e não pode se desviar de seu amor; nenhuma circunstância pode surgir que possa separar o Salvador de seu amor por seu povo, e o santo de seu amor por seu Salvador. Ele é "um amigo mais chegado do que um irmão".

III

Agora, então, *a inferência a ser derivada disso*. Lavater[8] diz: "As qualidades de seus amigos serão as de seus inimigos: amigos frios, inimigos frios; meio amigos, meio inimigos; inimigos fervorosos, amigos calorosos". Sabendo que isso é verdade, muitas vezes me felicitei quando meus inimigos falaram ferozmente contra mim. Bem, eu pensei: "Meus amigos me amam muito e profundamente; deixe meus inimigos serem tão ardentes quanto quiserem; indica apenas que os amigos são proporcionalmente firmes em seu afeto". Então, extraímos esta inferência que, se Cristo ficar por perto e for nosso amigo, então nossos inimigos ficarão por perto e nunca nos deixarão até que morramos. Ó cristão, porque Cristo está perto, o diabo vai estar perto também; ele estará ao seu lado com você; o cão do inferno nunca vai parar de rosnar até que você alcance o outro lado do Jordão; nenhum lugar neste mundo está fora do alcance daquele grande inimigo; até que você tenha cruzado o rio, as flechas dele podem alcançá-lo, e elas o farão. Se Cristo se entregou por você, o Diabo fará tudo o que puder para destruí-lo; se Cristo tem sido paciente com você, Satanás perseverará na esperança de que Cristo possa se esquecer de você; ele se empenhará em alcançá-lo e se empenhará até que o veja firme em segurança no céu. Mas

---
[8] Johann Kaspar Lavater (1741-1801), foi um pastor, filósofo, poeta, teólogo e fisionomista suíço.

não fique desconsolado: quanto mais alto Satanás rosnar, mais provas você terá do amor de Cristo. "Dê-me", disse o velho Rutherford,[9] "um demônio rugindo em vez de um adormecido; pois demônios adormecidos me fazem cochilar, mas os que rugem me suscitam a correr para meu Mestre". Ó! Fique feliz então se o mundo o censurar, se seus inimigos o atacarem ferozmente. Cristo está tão cheio de amor por você quanto eles estão de ódio. Portanto,

Seja firme e forte;
Seja a graça o seu escudo, e Cristo sua canção.

E agora, tenho uma pergunta a fazer: aquela pergunta que faço a todos os homens e mulheres deste lugar, e também a todas as crianças: Jesus Cristo é seu amigo? Você tem um amigo na corte – na corte celestial? O juiz dos vivos e dos mortos é seu amigo? Você pode dizer que o ama e que Ele já se revelou de um jeito amoroso para você? Caro ouvinte, não responda a essa pergunta para o seu próximo, responda para si mesmo. Nobre ou plebeu, rico ou pobre, letrado ou analfabeto, esta pergunta é para cada um de vocês; portanto perguntem-se: Cristo é meu amigo? Você já considerou essa questão? Você já se perguntou isso? Ó! Ser capaz de dizer "Cristo é meu amigo" é uma das coisas mais doces do mundo. Um homem que viveu muito tempo em pecado, um dia entrou casualmente em uma igreja. Antes da pregação, este hino foi cantado:

Jesus, amado da minha alma.

---

[9] Samuel Rutherford (c.1600-1661) foi um pastor presbiteriano escocês, teórico político, escritor de cartas e pregações teológicas, obras devocionais e escolásticas muito lidas.

No dia seguinte, o homem encontrou um conhecido que perguntou se ele gostava de pregações. Disse ele:

— Não sei, mas duas ou três palavras tomaram conta de mim de tal forma que não sabia o que fazer comigo mesmo. O pastor leu aquele hino "Jesus, amado da minha alma". Ah! disse ele, embora não fosse um homem religioso, para poder dizer isso, desistiria de tudo o que tenho!

— Mas você acha — ele perguntou — que Jesus algum dia amará um homem como eu? "Jesus, amado da *minha* alma!" Ó! Eu poderia dizer isso.

E então ele enfiou a cabeça entre as mãos e chorou. Tenho todos os motivos para temer que ele tenha voltado a pecar e continuado como antes. Mas veja, ele teve consciência o suficiente para saber o quão valioso era ter Cristo como seu amado e amigo. Ah! homem rico, você tem muitos amigos. Há alguns aqui que trabalharam pelo bem de seu país e merecem uma recompensa de honra de seu país, que por um engano – ou o que talvez tenha sido um engano – foram negligenciados por muitos que uma vez pareciam ser seus companheiros mais confiáveis. Ó! Não confiem, vocês, notáveis e ricos, na amizade de seus amigos. Em sua precipitação, disse Davi: "Todo homem é mentiroso"; você pode um dia ter que dizer isso sem querer. E ó! Ó, corações bondosos e afetuosos que não são ricos em riquezas, mas ricos em amor – e essa é a melhor riqueza do mundo –, coloquem esta moeda de ouro entre suas moedas de prata, e ela as santificará a todas. Derramem o amor de Cristo em todas as direções em seus corações, e o amor de sua mãe, o amor de sua filha, o amor de seu marido, o amor de sua esposa se tornem mais doces do que nunca. O amor de Cristo não expulsa o amor dos parentes, mas santifica nossos amores e os torna muito mais doces. Lembrem-se, queridos ouvintes: o amor de homens e mulheres é muito doce; mas tudo deve passar; e o que vocês farão se não tiverem nenhuma riqueza, mas a riqueza que se esvai, e nenhum amor, mas o amor que morre quando a morte vier? Ó! Ter o amor de Cristo! Você pode levá-lo pelo rio da morte; você pode usá-lo como sua pulseira no céu e fixá-lo como um selo em sua mão; pois seu amor é "forte como a morte, e mais poderoso que a sepultura". O bom e velho Bispo Beveridge[10] (creio que foi ele), ao morrer, não se lembrava de seus melhores amigos. Disse-lhe um:

— Bispo Beveridge, o senhor se lembra de mim?

Disse ele:

— Quem é você?

E quando o nome foi mencionado, ele disse: "Não".

— Mas o senhor não se lembra da sua esposa, bispo?

— Qual é o nome dela? Disse ele.

— Sou eu sua esposa, disse ela.

— Eu nem sabia que tinha uma, disse ele.

Pobre senhor! Todas as suas faculdades mentais estavam falhando. Por fim, um deles se abaixou e sussurrou:

— O senhor se lembra do Senhor Jesus Cristo?

— Sim, disse ele, fazendo um esforço para falar. Eu o conheço há quarenta anos e nunca poderei esquecê-lo.

É maravilhoso como a memória manterá a lembrança de Jesus, quando não tiver de mais ninguém; e é igualmente maravilhoso que,

---

[10] William Beveridge (1637-1708) foi um escritor e clérigo inglês.

> Quando todas as coisas criadas estiverem exauridas,
> a abundância de Cristo é a mesma.

Meus queridos ouvintes, pensem neste assunto. Ó, que vocês possam receber Cristo como seu amigo; Ele nunca será seu amigo enquanto você for cheio de justiça própria; Ele nunca será seu amigo enquanto você viver em pecado. Mas vocês se julgam culpados? Vocês desejam abandonar o pecado? Vocês querem ser salvos? Vocês desejam ser renovados? Então deixe-me dizer a vocês: meu Mestre os ama! Vermes pobres, fracos e indefesos, o coração do meu Mestre está cheio de amor por vocês; seus olhos neste momento estão olhando para baixo com pena de vocês. "Ó Jerusalém, Jerusalém, Jerusalém!" Ele agora me manda dizer que Ele morreu por todos vocês que se confessam pecadores, e sentem isso. Ele me manda dizer a vocês: "Creiam no Senhor Jesus Cristo e vocês serão salvos". Ele me diz para proclamar a salvação completa e gratuita; completa, pois não precisa de nada seu para auxiliá-la; gratuita, pois não precisa de nada seu para adquiri-la.

> Venham sedentos, venham e sejam bem-vindos
> A abundância gratuita de Deus glorifiquem
> A fé verdadeira e o verdadeiro arrependimento
> Toda graça que nos aproxima —
> Sem dinheiro,
> Venham a Jesus Cristo e a adquiram.

Não há nada que eu sinta que falhe tanto quanto em me dirigir aos pecadores. Ó! Eu gostaria de poder chorar e pregar muito para vocês e a vocês.

Querido Salvador, atraia os corações relutantes,
A Ti possam os pecadores correr.
E tomem da Felicidade que o Teu amor concede, e
Bebam e não morram nunca mais.

Meu adeus com este único pensamento: nunca nos encontraremos todos aqui novamente. É um pensamento muito sério, mas de acordo com o curso da natureza e o número de mortes, se todos vocês estivessem dispostos a vir aqui no próximo domingo de manhã, é improvável que todos vocês estejam vivos; alguém desta congregação certamente terá seguido o caminho de toda a carne. Adeus, você que está condenado à morte. Não sei onde você está – você, homem forte, ou você, jovem donzela com o rubor frenético de tuberculose na bochecha. Não sei quem está condenado à morte; mas agora, eu me despeço da maneira mais séria de alguém assim. Adeus, pobre alma; e é uma despedida para sempre? Devemos nos encontrar na terra do porvir, na casa dos bem-aventurados; ou devo me despedir de você agora para sempre? Eu me despeço de você solenemente para sempre, se você viver e morrer sem Cristo. Mas não posso suportar esse pensamento sombrio; e eu, portanto, digo, pobre pecador: pare e pense. Pense em seus caminhos, e agora "convertei-vos, convertei-vos, por que vós haveis de morrer?"; "Por que vós haveis de *morrer*?" "Por que *vós* haveis de morrer?" "Por que vós *haveis* de morrer?" Ah! Vocês não podem responder a essa pergunta. Que Deus os ajude a responder de uma maneira melhor, dizendo:

Aqui, Senhor!
Tal qual estou, eis-me, Senhor,

Pois o teu sangue remidor
Verteste pelo pecador;
Ó Salvador, me achego a Ti!
Eu confio minha alma em tuas mãos bondosas.

O Senhor abençoe a todos por amor de Cristo! Amém!

Pregação ministrada em 8 de março de 1857 no
The Music Hall, Royal Surrey Gardens.

6

O CORAÇÃO:
UM PRESENTE PARA DEUS

"Dá-me, filho meu, o teu coração."
Provérbios 23:26

ESSAS são as palavras de Salomão falando em nome da sabedoria, sabedoria essa que é apenas um outro nome para o Senhor Jesus Cristo, o qual para nós foi feito por Deus sabedoria. Se você perguntar: "Qual é a maior sabedoria no mundo?", é crer em Jesus Cristo, a quem Deus enviou – tornar-se seguidor e discípulo dele, confiar nele e imitá-lo. É Deus, na pessoa de seu querido Filho, quem diz a cada um de nós: "Dá-me, filho meu, o teu coração". Podemos responder: "Senhor, eu te dei meu coração"? Então somos seus filhos. Vamos clamar: "Aba, Pai", e bendizer ao Senhor pelo grande privilégio de sermos seus filhos. "Vede quão grande amor nos tem concedido o Pai: que fôssemos chamados filhos de Deus."

I

Vejamos este preceito: "Dá-me, filho meu, o teu coração", e observemos primeiro que *o amor nos leva a este pedido da sabedoria*.

Só o amor busca o amor. Se desejo o amor de outra pessoa, certamente só pode ser porque eu mesmo a amo. Tomamos cuidado para não sermos amados por aqueles a quem não amamos. Seria algo mais vergonhoso do que proveitoso receber amor daqueles a quem não o retribuiríamos. Quando Deus pede amor dos seres humanos, é porque Deus é amor. Assim como as faíscas sobem em direção ao sol, o fogo principal, nosso amor deve elevar-se em direção a Deus, a fonte principal de todo amor puro e santo. É um exemplo de benevolência infinita que Deus diga: "Dá-me, filho meu, o teu coração". Observe a estranha posição na qual isso coloca Deus e o ser humano: a posição usual é a criatura dizer a Deus: "Dá-me", mas aqui o Criador clama ao ser humano fraco: "Dá-me". O próprio Grande Benfeitor se torna o Solicitante – fica à porta de suas próprias criaturas e pede, não por ofertas, nem por palavras de louvor, mas por seus corações. Oh, deve ser por causa do grande amor de Deus que Ele se digna em se colocar nessa posição, e se fôssemos sensatos, nossa resposta imediata seria: "*Tu* buscas o meu coração? Aqui está, meu Senhor". Mas não! Poucos respondem assim, e ninguém realmente o faz, exceto aqueles que são como Davi, pessoas segundo o coração de Deus. Quando Deus diz a tais: "Buscai o meu rosto", eles respondem imediatamente "A tua face, Senhor, buscaremos": essa resposta, porém, é inspirada pela graça divina. Só o amor pode buscar o amor.

Novamente, *só pode ser o amor supremo que leva a sabedoria a buscar o coração de coisas tão pobres como nós*. Os melhores santos são coisas pobres; e quanto a alguns de nós que não são os melhores, que pobres coitados somos! Que tolice! Como somos lentos para aprender! A sabedoria nos busca por sermos instruídos? Então a sabedoria deve ser do tipo mais condescendente. Nós também somos muito culpados. Preferiremos desgraçar a honrar o cortejar da sabedoria, se ela nos admitir em sua escola. Mesmo assim, ela diz a cada um de nós: "Dá-me o teu coração. Vem aprender comigo". Só o amor pode convidar instruídos como nós. Receio que nunca faremos muito para glorificar a Deus; temos apenas poucas coisas para começar, e nossa posição é irrelevante. Ainda que sejamos pessoas comuns, Deus diz a cada um de nós: "Dá-me, filho meu, o teu coração". Apenas o amor infinito cortejaria corações tão desprezíveis como os nossos.

Pois o que Deus tem a ganhar? Irmãos e irmãs, se todos entregássemos nossos corações a Ele, em que Ele seria maior? Se lhe dermos tudo o que temos, Ele ficará mais rico? "Minha é a prata, e meu é o ouro", diz Ele, "e as alimárias sobre milhares de montanhas. Se eu tivesse fome, não to diria." Ele é grande demais para o tornarmos maior, bom demais para o tornarmos melhor, glorioso demais para o tornarmos mais ilustre. Quando Ele se aproxima e clama: "Dá-me o teu coração", deve ser para nosso benefício, e não para o dele. Certamente mais bem-aventurado para nós é dar do que para Ele receber. Ele nada consegue ganhar: nós tudo ganhamos com essa dádiva. No entanto, Ele ganha um filho: esse é um pensamento lindo. Todo aquele que dá a Deus seu coração se torna filho de Deus, e um pai considera seus filhos um tesouro; e reconheço que Deus dá maior valor a seus filhos do que a todas as obras de suas mãos. Vemos a semelhança do Grande Pai na história do retorno do filho pródigo. O pai pensava mais no retorno do filho do que em tudo o que ele possuía. "Era justo", disse ele, "alegrarmo-nos e regozijarmo-nos, porque este teu irmão estava morto e reviveu; tinha-se perdido e foi achado". Oh, eu lhe digo, você que não conhece o Senhor, que se você lhe der o seu coração, você o deixará feliz! O Pai Eterno se alegrará em receber de volta seu filho perdido, em apertar em seu peito um coração ardente de afeto por Ele, o qual antes tinha sido frio e duro como uma pedra para com Ele. "Dá-me, filho meu, o teu coração", diz Ele, como se ansiasse pelo nosso amor e não suportasse ter filhos que o tivessem esquecido. Você não o ouve falar? Fala, Espírito de Deus, e faz com que cada um te ouça dizer: "Dá-me, filho meu, o teu coração"!

Vocês, que já são filhos de Deus, podem aceitar minha mensagem como um apelo para dar a Deus seu coração de novo, pois – não sei como pode ser assim – as pessoas estão incrivelmente mesquinhas hoje em dia; e pessoas com coração amoroso são raras. Se os pregadores tivessem um coração maior, eles motivariam mais pessoas a ouvi-los. Uma pregação ministrada sem amor não surte o mínimo efeito. Ouvimos pregações admiráveis em sua composição e excelentes em sua doutrina, mas como aquele palácio de blocos de gelo que a Imperatriz da Rússia construiu sobre o rio Neva.[1] Nada mais esplêndido, nada mais precisamente esculpido, nada mais

---

[1] O Palácio (ou Casa) de Gelo foi construído em São Petersburgo, Rússia, no rio Neva durante o inverno de 1739 - 1740, por ordem da Imperatriz russa Anna Ivanovna. Era ricamente decorado e cheio de detalhes esculpidos e totalmente de gelo. Com a chegada do verão, derreteu completamente.

charmoso; mas oh, tão frio, tão frio! Sua própria beleza é um frio congelante para a alma! "Dá-me, filho meu", diz Deus a cada pregador, "o teu coração". Ó pastores, se vocês não podem falar com uma língua eloquente, pelo menos deixem seu coração correr como lava ardente de seus lábios! Que seu coração seja como um gêiser, escaldando todos os que se aproximam de você, não permitindo que ninguém fique indiferente. Você que ensina na escola dominical, você que trabalha para Deus de alguma maneira, faça-o perfeitamente bem. "Dá-me, filho meu, o teu coração", diz Deus. Uma das primeiras e últimas qualificações de um bom obreiro de Deus é colocar seu coração na obra. Já ouvi patroas dizerem aos criados quando poliam mesas que o polimento braçal vigoroso era uma coisa boa para esse tipo de trabalho; e assim é. O trabalho árduo é uma coisa esplêndida. Abrirá caminhos por baixo de um rio ou através de uma montanha. O trabalho árduo fará quase tudo; mas no serviço de Deus não deve existir apenas o trabalho árduo, mas também o ardente. O coração deve estar em chamas. O coração deve ser colocado dentro dos desígnios divinos. Veja como uma criança chora! Embora eu não goste de ouvir isso, noto que algumas crianças choram muito: quando querem alguma coisa, choram da ponta dos pés até os últimos fios de cabelo. Essa é a maneira de pregar, e essa é a maneira de orar, e essa é a maneira de viver: todos devem estar sinceramente empenhados na obra santa. O amor nos leva ao pedido da sabedoria. *Deus sabe que seremos infelizes em seu serviço, a menos que nosso coração esteja totalmente comprometido.* Sempre que sentimos que a pregação é um trabalho pesado e o ensino da escola dominical depois de seis dias de trabalho é cansativo, e andar em uma região distribuindo folhetos é uma tarefa terrível – então não faremos nada bem. Coloque seu coração em seu serviço e tudo ficará feliz, mas não o contrário.

II

Agora, eu olho minha mensagem de outra maneira. *A sabedoria nos convence a obedecer a esse pedido amoroso.* Levar nossos corações e entregá-los a Deus é a coisa mais sábia que podemos fazer. Se já o fizemos antes, é melhor que o façamos de novo, e entregar mais uma vez o santo depósito às queridas mãos que seguramente guardarão o que confiamos aos seus cuidados protetores. "Dá-me, filho meu, o teu coração."

A sabedoria nos leva a fazer isso; pois primeiro, muitos outros anseiam por nosso coração, e nosso coração certamente seguirá um caminho ou outro. Vamos cuidar para que ele não chegue aonde será destruído. Não vou ler o próximo versículo para vocês, mas muitos perderam seu coração e sua alma eternamente pelos desejos da carne. Eles pereceram por meio da imoralidade, aquela que, "como um salteador, se põe a espreitar e multiplica entre os homens os iníquos". Feliz aquele jovem cujo coração nunca se contamina com a imoralidade! Não há como evitar a impureza, exceto entregando o coração ao santo Senhor. Em uma cidade como esta, os mais puros estão rodeados de inúmeras tentações; e há muitos que escorregam antes de perceberem, sendo levados por não terem tempo para pensar antes que a tentação os lance por terra. "Portanto, meu filho", diz a sabedoria, "dá-me o teu coração. Todos tentarão roubar o teu coração, portanto, deixe-o sob minha responsabilidade. Então não precisarás temer as fascinações da mulher imoral, porque eu tenho o teu coração e vou mantê-lo a salvo até o dia da minha aparição". É muito sábio dar nosso coração a Jesus, pois sedutores o buscarão.

Existe outro destruidor de almas. Não direi muito sobre isso, mas apenas lerei o que o contexto diz:

> Para quem são os ais? Para quem, os pesares? Para quem, as rixas? Para quem, as queixas? Para quem, as feridas sem causa? E para quem, os olhos vermelhos? Para os que se demoram em beber vinho, para os que andam buscando bebida misturada. Não olhes para o vinho, quando se mostra vermelho, quando resplandece no copo e se escoa suavemente. Pois ao cabo morderá como a cobra e picará como o basilisco. Os teus olhos verão coisas esquisitas, e o teu coração falará perversidades.

Leia atentamente o resto do capítulo e, em seguida, ouça a voz da sabedoria dizer: "Meu filho, se tu queres ser protegido da embriaguez e da gula, da devassidão e da arrogância, e de tudo a que o coração se inclina, dá-me o teu coração".

É bom guardar seu coração com todo o aparato que a sabedoria pode fornecer. É bom abster-se totalmente daquilo que se torna uma armadilha para você: mas eu lhe ordeno: não confie na abstinência, mas entregue o seu coração a Jesus; pois nada menos que a verdadeira vida de santidade o preservará do pecado, de modo que você será apresentado sem defeito diante de presença de Jesus com grande alegria. Como você deseja preservar um caráter imaculado e ser considerado honrado até o fim, meu filho, eu lhe encarrego de dar a Cristo o seu coração.

A sabedoria insiste para uma decisão imediata porque *é bom ter um coração ocupado e tomado por Cristo imediatamente*. É em um coração vazio que o Diabo entra. Você sabe como os meninos sempre quebram as janelas das casas vazias, e o Diabo atira pedras onde quer que o coração esteja vazio. Se você puder dizer ao Diabo quando for tentado: "Você chegou tarde: entreguei meu coração a Cristo, não posso ouvir suas ofertas, estou comprometido com o Salvador por laços de amor que nunca podem ser quebrados", que bendita proteção você tem! Não conheço nada que possa proteger tanto o jovem nestes dias perigosos como ser capaz de cantar: "Ó Deus, meu coração está firme; meu coração está firme! Outros podem ir e vir e buscar algo para iluminar, mas meu coração está firme em ti para sempre. Sou incapaz de me desviar por causa de tua doce graça".

"Dá-me, filho meu, o teu coração", diz o texto, para que Cristo habite ali, para que, quando Satanás vier, Aquele que é mais valente do que o valente armado possa manter sua casa e expulsar o inimigo.

Dê a Jesus seu amado coração, amigo, pois a sabedoria ordena que você faça isso imediatamente porque *isso agradará a Deus*. Você tem um amigo para quem gostaria de dar um presente? Eu sei o que você faz: você tenta descobrir o que aquele amigo apreciaria, pois você diz: "Eu gostaria de dar a ele o que o agradaria". Você quer dar a Deus algo que certamente o agradará? Você não precisa construir uma igreja de arquitetura incomparável – não sei se Deus se preocupa muito com pedras e madeira. Você não precisa esperar até ter juntado dinheiro para doar uma fileira de casas de caridade. É bom abençoar os pobres, mas Jesus disse que aquela que deu duas moedinhas, que somavam um centavo, deu mais do que todos os ricos que lançam suas riquezas no tesouro. O que Deus, meu Pai, gostaria que eu desse? Ele responde: "Dá-me, filho meu, o teu coração". Ele ficará satisfeito com isso, pois Ele mesmo busca esse presente.

Se há alguém aqui para quem este dia é um aniversário de nascimento ou de casamento, ou de alguma outra ocasião alegre, que dê um presente a Deus e lhe dê o coração. É maravilhoso que Ele tenha expressado dessa maneira. "Dá-me, filho meu, o teu coração." Eu não teria ousado dizer uma coisa dessas se Ele não tivesse dito isso, mas Ele disse. Isso o agradará mais do que um boi que tem chifres e cascos, melhor do que incenso queimando no incensário de prata, mais do que tudo que você possa inventar em arte ou comprar com riqueza, ou criar para embelezar. "Dá-me, filho meu, o teu coração."

Observe, de novo, que se você não lhe der seu coração, você não poderá agradá-lo de forma alguma. Você pode dar a Deus o que quiser, mas sem o seu coração, tudo é uma abominação para Ele. Orar sem o coração é zombaria solene; cantar sem o coração é um som vazio; dar, ensinar, trabalhar sem o coração é um insulto ao Altíssimo. Você não pode prestar nenhum serviço a Deus até que lhe dê seu coração. Você deve começar com isso. Então sua mão e bolsa darão o que quiserem, e sua língua e cérebro darão o que puderem; mas, primeiro, o seu coração – primeiro o seu coração –, o seu eu mais íntimo – o seu amor –, o seu sentimento. Você deve dar-lhe seu coração ou não lhe dará nada.

E Ele não merece isso? Não vou usar esse argumento porque, de alguma forma, se você pressiona alguém a dar algo, no final não chega a ser um presente, mas uma obrigação. Nossa consagração a Deus deve ser inquestionável em sua liberdade. A religião é voluntária ou falsa. Se eu provar que o seu coração é algo que se deve a Deus, ora, você não o dará, mas ao invés disso pagará como se fosse uma dívida; então, tocarei essa corda com muita delicadeza, para que, ao tentar trazer a música, não estrague o acorde. Vou colocar assim: certamente seria bom dar um coração por um coração. Houve alguém que veio e tomou a natureza humana sobre si e carregou um coração humano em seu peito, e aquele coração humano ficou totalmente dolorido de tristeza, tanto que está escrito que Ele chorou. Foi pressionado ainda mais com angústia, tanto que está escrito: "E o seu suor tornou-se em grandes gotas de sangue que corriam até ao chão". Ele estava ainda mais dominado pela tristeza, tanto que finalmente disse: "Afrontas me quebrantaram o coração, e estou fraquíssimo"; e depois está escrito: "Um dos soldados lhe furou o lado com uma lança, e logo saiu sangue e água". Um coração foi dado por você, você não vai dar o seu? Não direi mais nada.

Eu estava prestes a dizer que gostaria de poder trazer meu Mestre aqui para ficar nesta plataforma, para que você pudesse vê-lo; mas sei que a fé vem por ouvir, não por ver. Ainda assim, eu o apresentaria manifestamente crucificado entre vocês e por vocês. Oh, dê-lhe então um coração pelo coração dele e entregue-se a Ele! Não há um doce sussurro em seu espírito agora que diz: "Entregue o seu coração"? Ouçam aquela voz mansa e delicada e não haverá necessidade de se falar mais.

Acreditem em mim, amados amigos: *não há como obter sabedoria a não ser que você dê seu coração a ela.* Não há compreensão do conhecimento de Cristo crucificado, que é o mais excelente de todos os conhecimentos, sem dar o seu coração à sabedoria. Alguns de vocês têm tentado ser religiosos. Você tem tentado ser salvo, mas tem feito isso de uma forma grosseira. "Dá-me, filho meu, o teu coração." A sabedoria propõe que você deve fazer isso, pois a menos que todo o seu coração seja lançado nele, você nunca prosperará. Certas pessoas nunca dão certo nos negócios; elas não gostam de seu comércio e, portanto, nunca prosperam. E certamente, em matéria de religião, ninguém pode prosperar se não a amar, se todo o seu coração não estiver nela. Algumas pessoas têm religião apenas o suficiente para torná-las extremamente infelizes. Se elas não tivessem nenhuma, elas seriam capazes de desfrutar do mundo; mas elas têm religião demais para serem capazes de desfrutar do mundo, mas não o suficiente para desfrutar do mundo vindouro. Oh, coitados de vocês que ficam no meio-termo – vocês que estão pendurados como o caixão de Maomé,[2] entre a terra e o céu – vocês que são como morcegos: nem pássaros, nem animais terrestres – vocês que são como um peixe voador que tenta viver no ar e na água também, e encontra inimigos nos dois ambientes – vocês que não são nem isso, nem aquilo, nem estrangeiros, estranhos no país de Deus, e ainda assim não podem se sentir em casa com o Diabo – eu tenho pena de vocês. Oh, se eu pudesse lhe dar um puxão para o trazer até este lado da fronteira! Meu Mestre me manda obrigá-lo a entrar; mas o que posso fazer

---

[2] Isso refere-se a uma lenda corrente em fontes europeias e registada desde o período medieval, de que o caixão de Maomé foi suspenso sem suportes visíveis.

senão repetir a mensagem do texto? "Dá-me, filho meu, o teu coração." Não seja mais indeciso. Deixe seu coração seguir um caminho ou outro. Se vale a pena amar o Diabo, dê-lhe o seu coração e sirva-o; mas se Cristo é digno de amor, dê-lhe o seu coração e faça-o sem hesitação. Volte-se para Jesus de uma vez por todas. Oh, que o Espírito dele o converta, e você será transformado, e o nome dele terá o louvor!

III

E agora eu termino com a terceira observação. *Sejamos imediatamente sábios o suficiente para atender a essa admoestação de sabedoria.* Vamos dar a Deus nosso coração agora. "Dá-me, filho meu, o teu coração."

Quando? Já. Não há indícios de que Deus deseja que esperemos um pouco. Desejo que aquelas pessoas que pretendem apenas esperar um pouco estabeleçam uma hora em que deixem de esperar. Eles sempre estarão certos amanhã. Em que dia do mês é esse? Eu procurei no calendário, mas não consigo encontrá-lo. Ouvi dizer que existe o calendário dos tolos e que o amanhã existe; mas então você não é tolo e não mantém esse calendário. Amanhã, amanhã, amanhã, amanhã, amanhã, amanhã, amanhã; é o grasnido de mau agouro. Hoje, hoje, hoje, hoje, hoje; essa é a trombeta de prata da salvação, e quem a ouve viverá. Queira Deus que não clamemos para sempre "amanhã", mas que venhamos a dar imediatamente o nosso coração a Ele!

Como? Se atendermos a este preceito, notaremos que Ele nos convida a agir livremente. "Dá-me, filho meu, o teu coração." Não precisa que o coração seja conduzido em grilhões. Como já disse, isso poderia impedir que algo fosse um presente, se você provasse com muita insistência que era algo devido. É devido, mas Deus o coloca, por assim dizer, no livre-arbítrio, pelo menos uma vez, e o deixa à livre agência. Ele diz: "Dá-me, filho meu, o teu coração. Tudo o que tens de mim vem como um presente da graça gratuita; agora me devolve teu coração livremente". Lembre-se, sempre que falamos sobre o poder da graça, não nos referimos a uma força física, mas apenas à força que pode ser aplicada a agentes livres e a seres responsáveis. O Senhor implora que você não queira ser esmagado e forçado ao arrependimento nem açoitado e estimulado a uma vida santa. Por isso Ele pede: "dá-me, filho meu, o teu coração". Ouvi dizer que o suco mais rico da uva é aquele que vem com a menor pressão ao primeiro toque. Oh, que nós demos a Deus nosso amor mais livre! Você conhece o velho provérbio de que um voluntário vale dois homens pressionados. Todos seremos pressionados em certo sentido; mas ainda está escrito: "O teu povo se apresentará voluntariamente no dia do teu poder". Que você esteja disposto agora mesmo!

"Dá-me, filho meu, o teu coração." Parece uma pena que alguém tenha que viver uma longa vida de pecado para aprender que ele não compensa. É um caso triste quando se vem a Deus com todos os seus ossos quebrados e se alista no exército divino depois de ter passado toda a sua juventude a serviço do Diabo e se exaurido. Cristo receberá sempre que alguém vier; mas como é melhor enquanto você ainda está nos dias de sua juventude para dizer: "Aqui, Senhor, eu te dou meu coração. Constrangido por teu doce amor, eu me rendo a ti no início da minha vida"!

Bem, isso é o que o texto significa: dê a Deus seu coração de uma vez, e o faça livremente.

Faça isso completamente. "Dá-me, filho meu, o teu coração." Você não pode dar a Cristo um pedaço de um coração, pois um coração dividido pela metade é morto. Um coração do qual foi tirado um pedacinho é um coração morto. O Diabo não se importa em ter metade do seu coração. Ele fica bastante satisfeito com isso, porque é como a mulher a quem o filho não pertencia: ele não se importa se for cortado ao meio. A verdadeira mãe da criança disse: "Oh, poupe a criança! Não o divida", e assim Cristo, que é o verdadeiro Amado dos corações, não terá o coração dividido. Se deve ir para um lado e para o lado errado, deixe-o assim: mas se for para o caminho certo, Ele está pronto para aceitá-lo, limpá-lo e aperfeiçoá-lo; apenas deve ir inteiro e não estar dividido. "Dá-me o teu coração."

Eu ouvi alguém dizer: "Eu estou disposto a dar meu coração a Deus"? Muito bem, então, vejamos na prática. *Onde seu coração está agora?* Você não pode dar seu coração até descobrir onde ele está. Conheci um homem que perdeu seu coração. Sua esposa não o tinha e seus filhos não o tinham, e ele nem sequer parecia ter um coração. "Isso é estranho", você diz. Bem, ele costumava passar fome; ele mal tinha o suficiente para comer. Suas roupas eram surradas. Ele deixava todos os que estavam ao seu redor passar fome. Ele não parecia ter um coração. Uma pobre mulher lhe devia um pequeno aluguel. Ela foi parar na rua. Ele não tinha um coração. Uma pessoa atrasou um pouco no pagamento do dinheiro que ele havia emprestado. Os filhinhos do devedor choravam por pão. O homem não se importou com quem chorava de fome, ou o que acontecia com as crianças. Ele teria seu dinheiro. Ele tinha perdido seu coração. Eu nunca consegui descobrir onde seu coração estava até que fui à casa dele um dia e vi um baú enorme. Acho que o chamavam de cofre de ferro. Estava atrás da porta de uma sala interna, e quando ele a destrancou com uma chave pesada, e os ferrolhos se abriram, e o interior foi aberto, havia uma coisa bolorenta e esquisita dentro dele, tão seca e morta quanto o miolo de uma noz de sete anos. Era o seu coração. Se você trancou seu coração em um cofre de ferro, tire-o. Tire-o o mais rápido que puder. É uma coisa horrível embrulhar um coração em notas de quantias altas ou enterrá-lo sob montes de prata e ouro. Os corações nunca ficam saudáveis quando cobertos com metal duro. Seu ouro e sua prata estão sujos se seu coração estiver ligado a eles.

Conheci uma jovem – acho que conheço várias desse tipo hoje – cujo coração nunca pude ver. Não consegui entender por que ela era tão volúvel, frívola, fútil, até que descobri que ela mantinha seu coração em um guarda-roupa. Uma pobre prisão para uma alma imortal, não é? É melhor você ir buscá-lo antes que a traça o coma como lã. Quando nossas vestes se tornam os ídolos de nossos corações, somos coisas tão tolas que dificilmente podemos dizer que temos coração. Mesmo corações tolos como esses, seria bom tirá-los do guarda-roupa e dá-los a Cristo.

Onde está o seu coração? Eu soube que alguns o deixaram no bar, e alguns em lugares que não mencionarei, para que a face da modéstia não fique vermelha. Mas onde quer que esteja seu coração, ele está no lugar errado se não estiver com Cristo. Vá buscá-lo, senhores. Traga-o aqui e entregue-o na mão daquele que o comprou.

Mas em que estado está? "Sim, aí está a dificuldade." Pois, como eu disse a vocês que o coração do avarento era bolorento e esquisito, os corações das pessoas começam a cheirar igual aos lugares em que são mantidos. O coração de algumas mulheres está mofado e esfarrapado por elas mantê-los no guarda-roupa. O coração de alguns homens se corrompe por mantê-los entre seu ouro; e alguns estão totalmente podres, por serem mantidos impregnados de imoralidade. Onde está o coração do bêbado? Em que estado deve estar? Podre e imundo. Ainda assim, Deus diz: "Dá-me, filho meu, o teu coração". O quê? Uma coisa como essa? Sim, não lhe disse que quando Ele pediu pelo seu coração foi tudo por amá-lo, e não pelo que Ele devia tirar de você; pois o que é um coração como o seu, meu amigo, que esteve em tal lugar e caiu em tal estado? Ainda assim, dê a Ele, pois eu direi a você o que Ele há de fazer: Ele fará maravilhas pelo seu coração. Você já ouviu falar de alquimistas que pegaram metal comum, dizem, e o transformaram em ouro: o Senhor fará mais do que isso. "Dá-me o teu coração." Coração pobre, imundo, contaminado, poluído, depravado! – dê-o a Ele. É duro como pedra agora, corrompido agora. Ele o tomará, e nas santas mãos de Cristo aquele coração repousará, até que em seu lugar você verá um coração de carne; puro, limpo, celestial. "Oh", você diz, "eu nunca consegui descobrir o que fazer com meu coração duro". Dê-o agora a Cristo, e Ele o mudará. Entregue-o ao doce poder de sua graça infinita, e Ele renovará um espírito reto dentro de você. Deus o ajude a dar a Jesus o seu coração, e a fazê-lo agora!

Vai haver coleta para os hospitais. (Parem, diáconos, até eu dizer minha última palavra). O que você vai dar? Não me importo com o que você vai colocar nas caixas, mas quero passar uma sacolinha invisível para o meu Senhor. Desejo passá-la a todos vocês; e, por favor, diga a si mesmo quando colocar seu dinheiro ali: "Vou colocar meu coração na coleta invisível e entregá-lo a Jesus. É tudo o que posso fazer." Diáconos, passem as sacolinhas em volta, e Tu, ó Espírito de Deus, vai de pessoa em pessoa e toma posse de todos os corações, por Jesus, nosso Senhor! Amém!

Pregação ministrada em 11 de dezembro de 1887 no Metropolitan Tabernacle.

7

A GLÓRIA DE DEUS EM ESCONDER O PECADO

*"A glória de Deus é encobrir as coisas, mas
a glória dos reis é esquadrinhá-las."*
Provérbios 25:2

A TRADUÇÃO de nosso texto, se fosse mais literal, teria sido assim: "A glória de Deus é cobrir um assunto, mas a honra dos reis é investigar um assunto". Por uma questão de variedade na linguagem, nossos tradutores às vezes davam duas interpretações diferentes para a mesma palavra; e embora isso torne o palavreado mais suave, geralmente é um grande erro e pode nos enganar. A palavra "encobrir" é exatamente a mesma que encontramos na passagem: "Bem-aventurado aquele... cujo pecado é coberto". Portanto, o texto segue assim – eu o falarei novamente para que possa marcá-lo ainda mais em você: "A glória de Deus é cobrir um assunto, mas a honra dos reis é investigar um assunto".

Em primeiro lugar, darei a vocês a interpretação comum que é dada a essas palavras, e o tópico que é sugerido à maioria das mentes por meio delas, a saber, que a glória de Deus é encobrir muito das grandes verdades que se referem a Ele mesmo e a seus tratos com os seres humanos. "Nuvens e escuridão o rodeiam." É sua glória Ele não ser visto, sua glória Ele estar oculto; enquanto, para os reis, é sua honra "investigar um assunto". Esta é a interpretação geral que quase todo expositor dá desta passagem, mas não sou capaz de concordar totalmente com ela. No entanto, falarei sobre isso brevemente.

É certo que uma explicação como essa teria de ser tomada em um sentido limitado, pois não pode ser absolutamente e sem ressalva que a glória de Deus encubra uma coisa; pois se assim fosse, Ele poderia ter encoberto tudo de nós. É evidentemente para sua glória que algumas coisas devem ser reveladas, ou então por que Ele as revelou? Ele poderia ter vivido para sempre naquela solidão maravilhosa em que supomos que Ele morava antes de começar a obra da criação. Não sabemos o que Ele estava fazendo naquela eternidade – da qual é difícil, senão impossível para nós conceber –, quando não havia criação, quando nenhuma estrela havia começado a brilhar, nem um anjo havia fugido pelo espaço com asas rápidas. Se fosse a glória de Deus estar absolutamente oculto, parece-me que Ele teria permanecido sozinho na escuridão que o rodeava, pois Ele não quereria ter uma única criatura para conhecer seu amor, para perceber seu poder, ou para contemplar sua sabedoria. É óbvio que se esta é a interpretação verdadeira e correta de "a glória de Deus é encobrir as coisas", ela deve ser tomada em um sentido muito limitado. Se tivesse sido sua glória encobrir tudo, Ele teria continuado a encobrir; mas, até onde posso ver, sua glória manifestada é sua glória. A glória de Deus não consiste tanto em encobrir, mas em revelar-se àqueles a quem Ele prepara para receber a revelação.

Há muitas coisas que não caberiam à glória de Deus encobrir. Você não poderia dizer de tudo: "A glória de Deus é encobrir isso". Tomemos, por exemplo, sua lei justa; teria sido para sua glória ter deixado nossa raça totalmente ignorante sobre ela? Não posso conceber tal coisa. Além disso, também há sua redenção incomparável que Ele nos revelou de muitas maneiras maravilhosas. Ele teria feito todo o esforço que fez para se revelar em Cristo Jesus, se fosse para sua glória ocultar-se com respeito a isso? Ele nos convidaria a ir por todo o mundo e pregar o evangelho a todas as criaturas, se fosse para sua glória encobri-lo? Não, é alta traição contra a majestade celestial para qualquer um obscurecer a bendita revelação de Deus em Cristo Jesus. Temo que todos nós, pregadores da Palavra, façamos isso em alguma medida por causa de nossa fraqueza; mas Deus nos livre de que devamos evitar deliberadamente um único raio da glória de Deus na face de Jesus Cristo!

Existem muitas verdades grandes e gloriosas que não precisam que Deus as encubra. Se não as percebemos, provavelmente é porque não é necessário que sejam encobertas, pois sua própria glória inerente é seu encobrimento. Se eu fosse tomar, por exemplo, a doutrina misteriosa da filiação eterna do Senhor Jesus Cristo, ou a procedência do Espírito Santo do Pai e do Filho – essas verdades maravilhosas não precisam ser encobertadas de nós, porque elas são em si mesmas mistérios tão profundos que, por mais que nos sejam reveladas, não nos é possível compreendê-las. Mesmo a grande doutrina da Trindade, que é tão claramente apresentada nas Escrituras

– a trindade na unidade da Divindade – não precisa ser encobertada; como de fato não foi, e mesmo assim, não podemos compreendê--la. Deus não precisa buscar nenhum método de encobrimento, pois se Ele revelasse seu rosto entre nós, a glória seria brilhante demais para ser contemplada. Vá e fique de pé, ó mortal, e contemple o sol ao meio-dia! Você pode fazer isso? Não ficariam os seus olhos cegos? No entanto, o sol é apenas uma das miríades de servos nos átrios de Deus; então qual deve ser a face do próprio Rei? Não é necessário que Ele a encubra; sua própria glória é certamente um véu suficiente para si mesma. Nossas mentes são finitas, contraídas, limitadas. Havia certos homens que se autodenominavam "Enciclopedistas",[1] por acharem que sabiam de tudo; ainda assim, eles não sabiam nada perfeitamente, e muitos deles deram-se conta disso na tentativa de aprender até mesmo tudo o que os seres humanos podiam saber. Mas, quanto ao próprio Deus, quem pode compreendê-lo? O arcanjo que está mais perto de sua augusta presença deve cobrir seu rosto com suas asas, pois nem mesmo ele é capaz de contemplar a glória daquela luz excessiva. Não me parece uma verdade tão grande que seja a glória de Deus encobrir, pois sua própria glória se oculta, não por ser encoberta, mas por ser tão excessivamente desvelada. A própria glória cega, pois a mente finita humana não é capaz de contemplá-la.

---

[1] Eram membros da *Société des Gens de Lettres* [Sociedade dos Homens de Letras], uma sociedade de escritores franceses iluministas, que contribuíram para o desenvolvimento da *Encyclopédie, ou Dictionnaire Raisonné des Sciences, des Arts et des Métiers* [Enciclopédia, ou dicionário racional das ciências, artes e profissões] uma das primeiras enciclopédias que foram feitas, de junho de 1751 a dezembro de 1765.

No entanto, a verdade que nossa versão procura transmitir para nós pode ser aceita sem hesitação se a considerarmos assim: se Deus encobriu alguma coisa, a glória de Deus é encobri-la, e é certo que seja escondida. Se Deus não nos disse nenhuma verdade, é para sua glória não nos dizer isso. Talvez tenhamos tantos motivos para bendizer o Senhor pelo que não está na Bíblia quanto pelo que está lá; e o que Ele não revelou pode ser tanto para nosso benefício, e certamente é tanto para sua glória quanto o que Ele revelou. Por exemplo, se Ele não nos conta tudo sobre si mesmo e o mistério de sua pessoa, desejamos saber? Não podemos crer nele e amá-lo ainda mais porque não o entendemos? Certamente, um Deus que pudéssemos entender não seria um Deus. Temos prazer em estar fora de nossas profundezas – em encontrar águas para nadar onde a compreensão com sua pequena linha de prumo não encontra o fundo, mas onde o amor com um espírito sossegado encontra paz perfeita. Sem dúvida, há uma glória no Senhor não se revelar no que diz respeito ao passado ou ao presente.

Quanto ao futuro, sem dúvida é para a glória de Deus que Ele não nos revelou a todos sobre a história deste mundo. Pode estar tudo no livro de Daniel e no livro do Apocalipse. Alguns amigos pensam que sim, e pode ser; mas atrevo-me a dizer isto: não há um ser humano que o entenda, e não acho que ninguém o compreenderá até que a Palavra se explique; e então, possivelmente, quando a história se tornar o comentário sobre a profecia, devemos nos admirar de que não a vimos. No entanto, não podemos fazer isso no momento. É para a glória de Deus e para o seu próprio benefício que você não saiba o que lhe acontecerá amanhã. Você não sabe que aflições o esperam nem quando você morrerá; é bom para você que não saiba. Se fosse para a glória de Deus, você deveria ler sua história da primeira à última página e ser capaz de predizer cada evento em sua própria história de vida, ou na história das nações da terra, e Deus o teria revelado para você; mas não se contente em saber o que Deus não lhe diz, e diga em seu espírito: "Que assim seja; pois em certos assuntos, é a glória de Deus encobrir as coisas".

Mesmo assim, acho que esse não é o ensinamento do texto. Imagino que tenha um significado bem diferente, que tentarei dar a vocês. Você sabe que em uma máxima como essa com um "mas" no meio, existe o que chamamos de antítese, ou uma expressão de opostos. O texto não segue assim: "A glória de Deus é encobrir as coisas, mas a glória dos reis é divulgá-las". Isso não é o que é dito aqui; é uma frase totalmente diferente, que não é de forma alguma uma antítese. Então, novamente, a antítese não é completa: "A glória de Deus é encobrir as coisas, mas a glória dos reis é esquadrinhá-las", pois não é tanto da função dos reis esquadrinhar questões que se referem à sabedoria, pois é função dos sábios fazê-lo. Se há doutrinas que não são conhecidas por nós porque Deus as encobre, é tarefa dos sábios esquadrinhá-las, e não tanto dos reis fazê-lo. Tampouco podemos ler a passagem assim: "A glória de Deus é encobrir as coisas, mas a glória dos reis é tornar as coisas claras", porque o terceiro versículo do capítulo não concorda com esta tradução. Salomão não achava que era a glória dos reis tornar as coisas claras. Ele acreditava nisto: "Como a altura dos céus e a profundeza da terra, assim o coração dos reis é insondável". Ele não poderia, portanto, ter a intenção de transmitir esse significado.

Agora, deixe-me dar a vocês o que eu acho que é o verdadeiro significado da passagem. Qual são as coisas dos reis? Por que eles estão acima de seus semelhantes? Qual é a sua glória? Ora, a glória dos reis é esquadrinhar assuntos que dizem respeito à administração da justiça, trazer prisioneiros perante seus tribunais, expor os crimes deles e condená-los por sua culpa. A glória de Deus é encobrir um assunto, sendo esse assunto o pecado; mas a glória dos reis é esquadrinhar um assunto e levar o culpado à justiça. Você sabe que temos cada vez menos respeito pela nossa polícia, se ela não for capaz de descobrir os criminosos. Às vezes acontece de a justiça falhar. Talvez haja uma tentativa de tirar do caminho certa testemunha importante, ou de subornar outra, ou de suprimir algum depoimento que possa ser feito contra as pessoas acusadas. Nunca é a glória dos reis quando isso é feito. Quando, por exemplo, um assassinato é cometido e o criminoso não pode ser localizado, não é para o mérito dos poderes governantes que assim seja; e embora deva ser assim às vezes – pois nenhum governo humano pode ser perfeito em suas forças de investigação – ainda assim não é a glória dos "poderes constituídos". A glória dos reis é que eles esquadrinhem as questões até que mostrem a culpa do indivíduo certo. Também não é para a glória dos reis se eles derem seu veredicto e sentenciarem à primeira vista de acordo com o preconceito. Sua glória é esquadrinhar um assunto – ouvir os dois lados do caso. O magistrado que se assenta em nome do rei é obrigado a inquirir minuciosamente sobre o assunto apresentado a ele e, por fim, julgar conforme a justiça exige. Isso às vezes é muito difícil, mas é a glória dos reis e de seus representantes quando eles tentam. Ora, para Deus, tal coisa é impossível. Nada está encoberto para Ele; todo o universo é apenas uma grande prisão para aqueles que o ofendem, e Ele pode encontrá-los a qualquer hora que quiser, e pode executar sua justa sentença sobre eles sem um momento de demora. Não precisa de testemunhas, não precisa convocar essa pessoa ou aquela que viu uma certa ação ser realizada, pois a ofensa foi cometida à sua vista. Sua glória é que Ele encobre tal coisa; e como a glória de Deus é encobrir as coisas, a glória dos reis, por outro lado, é esquadrinhá-las; a coisa, em cada caso, é a violação da lei. Estou convencido de que esse é o significado do texto. Mesmo se não fosse, é uma grande verdade das Escrituras, bem digna de nossa meditação.

Assim, devemos nos alongar sobre isso. Primeiro, *a glória de Deus é encobrir o pecado*. Em segundo lugar, este é um grande encorajamento para pecadores penitentes; e em terceiro lugar, *deve ser um grande estímulo para os santos*.

I

Primeiro, *a glória de Deus é encobrir o pecado*.

Essa é a expressão comumente usada nas Escrituras para *descrever o afastamento do pecado e o perdão dele*. Deus cobre exatamente o que o magistrado busca – a culpa, a violação de sua lei, os agravos, as repetições multiplicadas de pecado, os motivos básicos, as muitas desculpas e enganos com os quais o pecado é procurado para ser atenuado – tudo isso Deus cobre. Ouçam isto e se espantem, ó pecadores: Deus pode cobrir todos os seus pecados, não importa quão terríveis eles sejam, ou quantos, ou quão profunda seja sua expressividade, Ele pode cobrir todos eles!

Isso está em sua grande prerrogativa,
E ninguém pode desta glória compartilhar.

Mas Ele pode fazer isso, glória seja ao seu bendito nome!

Ele pode cobrir o pecado que é conhecido e confessado. Ele nunca cobre o pecado não confessado. Quando alguém não reconhece a si mesmo como culpado, Ele fica convencido de sua recusa rebelde de tomar sua posição adequada perante o Senhor. Mas se você se levantar, ó pecador, e confessar sua culpa, se disser, ó rebelde: "Não há dúvida sobre o assunto: eu reconheço que sou culpado", é com a glória de Deus que Ele pode cobrir aquele pecado que nenhum outro pode cobrir, e que sua própria consciência não permite que você esconda! Ele pode cobrir a transgressão daquele cuja boca é tapada pela consciência de sua culpa. Ó glorioso ato da graça divina, com o qual o pecado e a ofensa podem ser cobertos – embora sejam cobertos, embora sejam confessados e reconhecidos, e cobertos porque são confessados e reconhecidos!

A glória dessa verdade reside no fato de que *Deus pode fazer isso com justiça por meio da obra de Jesus.* Para nós, pode parecer uma coisa impensável para Deus encobrir o pecado; mas Ele pode fazer isso com retidão. Sem a menor violação de sua lei, sem colocar em risco a estabilidade de seu reino, Ele pode perdoar e cobrir todo tipo de pecado e blasfêmia para que nunca mais seja visto. Você me pergunta como isso pode ser feito? A resposta está no grande sacrifício substitutivo de Jesus Cristo. Deus desce de seu trono eterno quando o ser humano deve ser punido por seu pecado e diz: "Eu suportarei o castigo; coloque tudo sobre mim". E para que pudesse suportar, Jesus tomou sobre si a forma de um homem e habitou entre os humanos; e, por fim, no madeiro amaldiçoado, Ele carregou a culpa da humanidade. Foi uma retribuição maravilhosa que Ele deu à sua própria lei, sendo Ele próprio punido em lugar do transgressor. Agora, abaixo de todos os céus, não pode haver ninguém que possa opor-se justamente à cobertura do pecado pelo sacrifício expiatório de Jesus Cristo. Aquele ato singular, notável e único do justo sofrendo pelos injustos, para que Ele pudesse nos levar a Deus, permitiu a Deus cobrir nossos pecados e fazê-lo com justiça.

Além disso, Ele pode fazer isso *sem exigir qualquer tipo de compensação do transgressor*. Maravilhosa é essa verdade – maravilhosa demais para alguns crerem. A Igreja Romana nos ensina que devemos fazer penitência para que nosso pecado seja perdoado. Deve haver um certo número de chicotadas nas costas nuas, ou uma abstinência de comida bastante longa, além das dores do Purgatório a serem infligidas após a morte, e não sei mais o quê. Esta é a glória de Deus, porém: que Ele pode cobrir todo esse pecado de imediato, sem nenhum preço sendo pago pelo pecador, ou qualquer sofrimento sendo suportado por ele. Ele tem apenas que vir e confessar seu pecado e aceitar a cobertura divina, a saber, o sangue e a justiça de Jesus Cristo, e tudo isso será coberto de uma vez por todas.

A glória de Deus é que *Ele pode fazer tudo isso sem nenhum dano à pessoa que é perdoada*. Às vezes acontece que, se alguém prejudicou você e você o perdoa repetidas vezes, ele pode ficar endurecido pelo pecado dele; mas a doce maneira do Senhor de cobrir o pecado é aquela que sempre derrete e muda o coração. O pecado nunca é tão odiado como quando é coberto pelo sangue de Cristo. Ninguém abomina completamente o pecado até que o tenha visto eliminado em Cristo; mas quando alguém vê Jesus eliminá-lo por meio de suas próprias tristezas e morte, então realmente odeia o pecado que fez o Redentor chorar e pregou-o no madeiro. A glória de Deus é Ele poder cobrir o pecado desta forma, a fim de não prejudicar o transgressor a quem Ele perdoa.

E Ele pode fazer isso *sem causar nenhum dano ao resto da humanidade*. Não há ninguém pior porque seu próximo está salvo. O exemplo de almas salvas nunca é danoso. Eu conheço alguns que podem distorcer a verdade até que encontrem nela uma desculpa para o pecado; mas a verdade de que Deus é capaz de perdoar o pecador mais repugnante (não, mais do que repugnante) – o qual Ele perdoou, no caso de muitos, e o abraçou contra seu peito como seu próprio filho querido – não causou nenhum dano, mas muito serviço útil para a moralidade dos seres humanos. Vá aonde quiser e leia a história do filho pródigo: a bordo de um navio entre marinheiros rudes, ou lá no quartel entre soldados violentos, ou vá para as piores favelas e leia para mulheres caídas aquela história maravilhosa do amor perdoador de Deus e veja se isso lhes causará algum dano. Você sabe que não. Pelo contrário, transmite-lhes uma mensagem de esperança que ajuda a levantá-las daquele escuro desespero que é uma das mais fortes cadeias pelas quais o Diabo pode manter as almas perdidas em cativeiro. Não tenho medo do efeito de pregar que a glória de Deus é apagar o pecado, pois Ele colocou seu Filho entre Ele mesmo e o pecador, como às vezes cantamos:

> Senhor, Cristo primeiro, e depois o pecador veja,
> Olhe através das feridas de Jesus para mim.

A maior bênção dele, queridos amigos, é que *quando Deus cobre o pecado, Ele o faz de modo tão eficaz que o pecado nunca mais aparece*. Ele declara que o joga nas profundezas do mar. Ele diz que quanto está longe o Oriente do Ocidente, assim Ele afasta o pecado de nós. Ele chega a dizer: "Buscar-se-á a iniquidade de Israel, e já não haverá". Tanto quanto qualquer coisa pode ser aniquilada, é isso que acontecerá com o povo do Senhor. Você sabe que a obra do Messias era "fazer cessar a transgressão, dar fim aos pecados, expiar a iniquidade, trazer a justiça eterna"; e essa é a obra da qual Ele disse: "Está consumado". Então está consumado, tem um fim; essa é a maneira gloriosa pela qual o Senhor cobre o pecado, e sua glória particular é que Ele esteja continuamente fazendo isso. Os reis podem esquadrinhar os assuntos e devem fazê-lo, ou o governo não estará seguro; mas a glória de Deus é perdoar pecados.

II

Em segundo lugar, para fazer um uso prático desta doutrina, *isso deveria ser um grande encorajamento para aqueles que buscam misericórdia nas mãos de Deus*.

Amado amigo, você deseja que seus pecados sejam perdoados? Então não tente encobri-los você mesmo, pois a glória de Deus é cobrir as coisas, então não tente roubar dele a glória. Se você pudesse cobrir seus pecados, não haveria necessidade de um Redentor. Não tente desculpar ou atenuar sua culpa, mas seja totalmente honesto sobre ela. Você é um pecador, portanto diga que é um pecador. Em todas as vezes que você se achegar a Deus buscando misericórdia em suas mãos, mostre seu verdadeiro caráter. Nem mesmo implore tomando como base seu próprio arrependimento, suas próprias lágrimas ou seus próprios sentimentos. Suplique como Davi: "Por causa do teu nome, SENHOR, perdoa a minha iniquidade, *que é grande*". Chame seu pecado de grande como realmente é. Nunca tente fingir que ele é pequeno. Você sabe que se você fosse ferido em um campo de batalha e um cirurgião viesse até você, você não diria a ele "Oh, meu problema não é grande!". Ah não! Garanto que você gritaria o mais alto que pudesse: "Doutor, feche minhas feridas abertas para que eu não morra!". Você sabe que, nesse caso, você aproveitaria ao máximo e agiria com sabedoria ao fazê-lo; e nunca é sábio para um pecador se fazer passar por um pequeno pecador. A glória de Deus é cobrir o pecado, então não tente você fazê-lo. Eu digo de novo: exponha tudo diante dele e peça-lhe que cubra isso com o sacrifício expiatório de seu querido Filho.

Agora, pobre pecador, eu oro ao Espírito Santo para capacitá-lo a dar glória a Deus neste momento, crendo que Ele pode cobrir o pecado. Quando a consciência está totalmente desperta, parece impossível que o pecado seja coberto. O pecador convicto diz: "Meu pecado, meu pecado, eu sempre o vejo; pode alguma vez ele estar escondido dos olhos de Deus?". Você não consegue crer que Deus em Cristo pode cobrir seus pecados? Glorifique a Deus, ó filho, glorifique a Deus, ó filha, por crer que Ele pode fazer isso! Não limite a misericórdia dele pensando que Ele não pode o perdoar, pois Ele perdoou a tantos que certamente há provas suficientes de que Ele pode passar ao largo da iniquidade, da transgressão e do pecado, e não se lembrar da culpa daqueles que confiam em seu Filho. Se você crê nisso, dê glória a Deus agora por crer que Ele está disposto a ignorar o seu pecado. Todos estão dispostos a fazer o que honra a si mesmo, e é inconcebível que Deus relute em fazer o que glorifica a si mesmo. Portanto, como sua glória é cobrir o pecado, Ele deve estar disposto a cobri-lo; sendo assim, que o Espírito Santo o ajude agora a crer que Ele pode e irá cobrir o seu pecado! Lá está Cristo na cruz; olhe para Ele com os olhos da fé e aceite-o como seu próprio Salvador. Cristo na cruz não é nada para você até que você confie nele, mas Cristo é glorificado quando um pobre pecador culpado clama a Ele: "Purifica-me com hissopo". Você sabe qual era a utilidade do hissopo. Eles pegavam um punhado dele e o mergulhavam no sangue do sacrifício, e aqueles que eram aspergidos com ele eram feitos cerimonialmente limpos. Davi orou: "Purifica-me com hissopo, e ficarei puro: lava-me, e ficarei mais alvo do que a neve"; e essa é a oração para você apresentar. Você crê que se Deus lavasse outra pessoa no sangue de Jesus, ela se tornaria mais branca do que a neve, mas você não pode crer nisso para si mesmo? Que o bendito Espírito remova a sua incredulidade, querido coração! Você não pode crer que Ele pode lavá-lo e o deixar mais branco do que a neve? Ele o fará em um instante, se você apenas confiar nele, confiar nele e receber seu querido Filho para ser sua salvação. Essa é a verdadeira cobertura do pecado. Oh, como os hebreus amavam a palavra "cobertura". A arca de Noé foi revestida por dentro e por fora com betume: essa era a sua cobertura. Portanto, tudo sob a lei mosaica tinha sua cobertura; e Deus tem uma maneira de cobrir o pecado e cobrir o pecador também, por dentro e por fora, até que todo o seu pecado vá embora, e aquele que crê no Senhor Jesus Cristo pode saber imediatamente que sua transgressão está perdoada, seu pecado está coberto.

"Mas, alguém pergunta, não devo fazer nada?" Nada além de "crer naquele que justifica o ímpio". Se você fizer isso, começará a fazer algo de modo mais direto depois, pois amará a Deus por Ele tê-lo perdoado e dirá: "Não sou meu agora, porque fui comprado por um preço; e, portanto, viverei para sua glória". Mas, a fim de obter o perdão de seus pecados, você não tem nada a fazer, exceto:

> Lança teus esforços vãos
> Aos seus firmes pés;
> Permanece nele só,
> Pleno pela fé.

"Quem crê nele não é condenado." "Todo o que crê é justificado de todas as coisas das quais vós não pudestes ser justificados pela lei de Moisés." Oh, que encorajamento isso deveria ser para todos os pecadores que buscam o Salvador!

III

Por último, *esta grande doutrina deve ser um grande estímulo para o povo de Deus.*

Em primeiro lugar, *deve estimular você a glorificar a Deus por ter coberto o seu pecado*. Não vá falar com todo mundo sobre o que você costumava ser antes da conversão, como sei que alguns fazem. Eles quase se gloriarão no que eram. Tenho uma pequena hesitação sobre o que às vezes é dito por ladrões convertidos e pessoas desse tipo. Estou feliz que elas tenham se convertido, mas gostaria que não falassem muito sobre o que está coberto. Deixem coberto.

Mesmo assim, nunca hesite em glorificar a Deus por ter coberto o seu pecado. Fale disso com delicadeza e modéstia; mas se a graça de Deus salvou você, conte isso a todos os e não deixe que as pessoas imaginem que Deus fez apenas uma pequena coisa por você. Quando Ele o salvou, foi a coisa mais grandiosa que Ele poderia fazer por você. Você não acha? Pois bem, conte a história disso.

> Diga com sinceridade, diga,
> Estou – estou – fora do inferno.

E mais ainda: nunca irei para lá, mas antes verei a face de Deus no céu aceitando-me. Diga isso aos pecadores enquanto você viver; e quando você chegar ao céu, faça com que as ruas da glória ressoem com as novas da enorme graça que cobriu todos os seus pecados.

A próxima coisa que vocês, cristãos, devem fazer, agora que sabem que Deus pode cobrir o pecado, é ter como objetivo cobrir os pecados de seus amigos e companheiros, conduzindo-os ao Salvador. Ver o pecado deve ser sempre uma visão dolorosa para você. Assim que você o vir, faça a oração: "Senhor, cubra-o". Você mora onde dificilmente pode deitar em sua cama à noite sem ouvir um monte de obscenidades e blasfêmias? Então, assim que você os ouvir, diga: "Senhor, cubra esse pecado". Você vê nas ruas transgressões que o fazem enrubescer? Nunca veja isso sem dizer: "Senhor, cubra esse pecado". Se estivéssemos com o coração reto, esse seria o nosso hábito; cada pecado que notamos em nós mesmos ou nos outros – em nossos filhos ou em nossos criados, ou em nossos companheiros ou que lemos nos jornais, nos faria orar: "Senhor, cubra esse pecado". Portanto, sempre conte aos outros sobre a cobertura do pecado pelo sangue precioso de Cristo. Mostre a eles como é uma cobertura perfeita. Você sabe que o Senhor falou por intermédio de Isaías de uma "coberta, tão estreita, que ninguém se poderá cobrir com ela". Mas o sacrifício expiatório de Cristo é uma cobertura que cobrirá todos os pecados e cobrirá o pecador da cabeça aos pés; portanto, conte aos outros sobre isso com todas as suas forças.

E mais uma vez, vocês que provaram o poder desta cobertura, imitem o Senhor esquecendo os pecados dos que se arrependem. Se alguma vez o ofenderem, que a expiação que satisfez a Deus pelo pecado também o satisfaça, e diga: "Embora esta pessoa tenha me ofendido, não peço expiação de suas mãos, porque a expiação de Cristo é para minha alma a satisfação de todo pecado contra mim e também contra Deus". Nunca guarde nenhum ressentimento por um único momento, amados. Assim como Cristo os perdoou, vocês também o façam. Vocês acham que o sangue e a justiça de Cristo não são suficientes para cobrir aquelas palavras rudes de seu irmão, ou aquela ação mesquinha de seu pecado, ou aquela linguagem caluniosa de seu próximo? Vão e coloquem todas as ofensas contra vocês onde Deus colocou todas as ofensas contra si mesmo. É uma coisa terrível ouvir alguém falando sobre Deus ter perdoado dez mil talentos e depois vê-lo pegar seu irmão pelo pescoço e dizer: "Pague-me o que você me deve". Nosso Senhor Jesus Cristo disse: "Se, porém, não perdoardes aos homens as suas ofensas, também vosso Pai vos não perdoará as vossas ofensas". Esse espírito de perdão nos manterá sempre em um estado de amor, e é exatamente isso que o Senhor Jesus almeja. "A glória de Deus é encobrir as coisas." Então você encubra essas coisas também. Conheço algumas pessoas que sempre gostam de ficar remexendo qualquer imundice que existe. Elas guardam uma vareta longa e a agitam, e parecem ficar bastante satisfeitas com a doce fragrância. Deixem disso para lá, irmão, deixe disso! "Oh, mas você não sabe como eles me ofenderam!" Não, e não quero saber; mas tenho certeza de que eles não o ofenderam tanto quanto você ofendeu a Deus, e mesmo assim Ele o perdoou. Então você deve perdoá-los. Quanto menos se disser em tais assuntos, mais cedo eles serão corrigidos. Salomão disse sabiamente: "Sem lenha, o fogo se apaga". Bem-aventurados aqueles que sempre atuam como bombeiros, jogando água fria sobre cada centelha de dissensão ou má vontade que veem. A glória de Deus é encobrir as coisas, então você também as encubra com o espírito de amor e o manto de gentileza; e, acima de tudo, com a reflexão de que o precioso sangue de Cristo que fez a paz entre você e Deus, também fez a paz entre você e toda a humanidade. E agora, por amor de Cristo, se eles o ferem em uma face, você deve dar a outra também; se eles querem a sua capa, por amor de Jesus, faça com que eles também tenham a sua túnica antes de viver no espírito de contenda e discórdia perpétua.

Que Deus os capacite a agir assim, pelo amor de Cristo! Amém!

*Pregação ministrada em 15 de julho de
1877 no Metropolitan Tabernacle.*

8

O MELHOR AMIGO

"Não abandones o teu amigo, nem o amigo de teu pai."
Provérbios 27:10

OS verdadeiros amigos são muito escassos. Temos muitos conhecidos e às vezes os chamamos de amigos, por isso usamos mal a nobre palavra "amizade". Porventura, em algum dia posterior de adversidade, quando esses ditos amigos cuidarem de seus próprios interesses e nos deixarem para fazer o melhor que pudermos por nós mesmos, essa palavra "amizade" pode voltar para nós com associações tristes e dolorosas. Um amigo na hora da necessidade é um amigo de verdade, e esses amigos, repito, são raros. Ao encontrar tal pessoa, e provar a sinceridade de sua amizade; quando ela for fiel a seu pai e a você, agarre-a para si mesmo com ganchos de aço e nunca a deixe partir. Pode ser que, por ser um amigo fiel, às vezes irrite e enfureça você. Veja como Salomão explica neste mesmo capítulo: "Melhor é a repreensão aberta do que o amor encoberto. Fiéis são as feridas feitas pelo que ama". É preciso muita amizade para ser capaz de contar a alguém seus defeitos. Não é amigo quem lisonjeia; é pouco amigo quem segura a língua quando deve falar; mas é o verdadeiro amigo quem pode falar na hora certa e, se necessário, até falar tão severamente a ponto de magoar. Se você for como muitos outros tolos, ficará zangado com quem é tão seu amigo que lhe dirá a verdade. Se você for indigno de seu amigo, você começará a cansar-se dele quando ele estiver realizando em seu nome o ato mais heroico de puro amor, avisando você do perigo e lembrando-o da sua imperfeição. Salomão, em perspectiva de tal caso, sabendo que esta é uma das maiores provações de amizade entre seres tão pobres e imperfeitos como nós, diz-nos para não abandonarmos por este motivo – nem mesmo por qualquer outro motivo – aquele que foi para nós e para nossa família um verdadeiro amigo: "Não abandones o teu amigo, nem o amigo de teu pai".

Não acho que desperdiçaria seu tempo se lhes fizesse uma pregação sobre a amizade – seus deveres, seus perigos, seus direitos e seus privilégios; mas não é minha intenção fazê-lo. Há um amigo a quem essas palavras de Salomão são especialmente aplicáveis, há um amigo que é o principal e o mais elevado de todos os amigos; e quando falo dele, sinto que não estou espiritualizando o texto de forma alguma. Ele é um amigo verdadeiro e de verdade, e essas palavras são verdadeiras e de verdade aplicáveis a Ele; e se alguma vez o texto é enfático, é quando é aplicado a Ele, pois nunca houve um outro amigo para nós e para nossos pais; não há amigo a quem devamos ser tão intensamente ligados como a Ele: "Não abandones o teu amigo, nem o amigo de teu pai".

Quero, sob a orientação do Espírito Santo, falar assim sobre este assunto. Primeiro, aqui está um *título descritivo* que pode ser apropriadamente aplicado a Cristo por muitos de nós; Ele é nosso amigo mesmo e também amigo de nosso pai. Em segundo lugar, aqui está um *conselho sugerido* sobre este amigo: "Não o abandones". E antes de terminar, direi um pouco sobre uma *decisão consequente*. Espero que transformemos o texto em uma decisão séria e digamos: "Não abandonarei o meu amigo mesmo, nem o amigo de meu pai".

I

Em primeiro lugar, aqui está um *título descritivo* para nosso bendito Senhor e Mestre.

Primeiro, Ele é um *Amigo*, o amigo do ser humano. Eu sei que Young[1] o chama de "o grande filantropo".[2] Não me interessa ver esse título usado exatamente desse modo; não é bom o suficiente para Ele, embora verdadeiramente o grande Amigo do ser humano

---

[1] Robert Young, L.D. (1822-1888) foi um editor escocês autodidata e proficiente em várias línguas orientais. Ele publicou várias obras, sendo a mais conhecida uma tradução da Bíblia, comumente referida como *Young's Literal Translation* [Tradução Literal de Young], e sua concordância bíblica, *The Analytical Concordance to the Bible* [Concordância Analítica da Bíblia].

[2] As palavras "fazer o bem" em Atos 10:38 são uma tradução da palavra grega εὐεργετῶν, uma palavra antiga que denota um benfeitor, um filantropo (aquele que apoia financeiramente obras de caridade, ou uma pessoa que usa seus recursos financeiros para atender às necessidades de pessoas desfavorecidas). O uso dessa palavra em Atos 10:38 significa que uma parte do ministério de Jesus consistia em atender às necessidades físicas e tangíveis de pessoas que estavam em desvantagem de alguma forma.

seja Cristo. Melhor ainda é o título que lhe foi dado quando Ele estava na terra, "o amigo dos pecadores".

Amigo dos pecadores: esse é o seu nome.

Seu amigo – pensando neles com amor quando nenhum outro olhar tinha pena deles e nenhum outro coração parecia se importar com eles. Seu Amigo, entrando com a mais terna compaixão no caso dos perdidos, pois "o Filho do Homem veio buscar e salvar o perdido". Seu amigo dando-lhes bons e sólidos conselhos e conselhos salutares, pois todo aquele que escuta as palavras de Cristo encontrará em seu ensino e em sua orientação a mais elevada sabedoria. Seu amigo, no entanto, dando muito mais do que compaixão e meras palavras – dando uma vida inteira de serviço santo por causa daqueles cuja causa Ele havia defendido, e indo além disso, fazendo por eles o máximo que um amigo pode fazer, pois o que mais sublime pode existir do que alguém dar sua vida por seu amigo? Amigo do ser humano e, por conseguinte, nascido humano; amigo dos pecadores e, por conseguinte, vivendo entre eles e ministrando a eles. Amigo dos pecadores e, por conseguinte, levando seus pecados sobre si e levando-os "em seu corpo, sobre o madeiro", cumprindo assim a profecia de Daniel de que Ele viria "para fazer cessar a transgressão, para dar fim aos pecados, para expiar a iniquidade, para trazer a justiça eterna".

Cristo fez por nós tudo o que precisava ser feito. Ele fez muito mais do que jamais poderíamos ter pedido ou esperado que fizesse. Ele fez mais por nós do que podemos compreender, mesmo agora que já o fez, e mais do que você e eu provavelmente compreenderemos, mesmo quando nosso intelecto tiver sido desenvolvido e ampliado ao máximo perante o trono eterno, pois até mesmo lá, acho que nunca saberemos totalmente o quanto devemos à amizade de nosso melhor amigo. Por mais abnegados e ternos que outros amigos possam ser, nosso Senhor deve sempre estar no topo da lista, e não iremos colocar um segundo ali como digno de qualquer comparação com Ele.

Em seguida, é algo muito bendito ter o Senhor Jesus Cristo como *amigo de nosso pai*. Para alguns de nós, isso tem sido literalmente verdade por muitas gerações. Suponho que haja algum orgulho em ser o décimo quarto conde, ou décimo duque em nossa família, ou ter uma certa posição entre as pessoas; mas, às vezes, em silêncio comigo mesmo, glorio-me em minha ascendência, porque posso traçar a linhagem da graça espiritual até onde consigo para aqueles que amavam o Senhor e que, muitos deles, pregaram sua Palavra. Muitos de vocês que conheço nesta igreja e em outras igrejas têm uma gloriosa heráldica na linhagem dos nobres do Senhor. É verdade que alguns de vocês tiveram a grande misericórdia de serem tirados como árvores do deserto e plantados nos átrios do nosso Deus, pelo que podem muito bem estar felizes; mas outros de vocês são mudas de videiras que por sua vez eram mudas de outras videiras, amadas e cuidadas pelo grande Lavrador. Você não pode dizer por quanto tempo essa sucessão abençoada continuou; seus pais e os pais de seus pais, até onde você consiga rastreá-los, eram amigos de Cristo. Feliz foi Efraim, cujo pai José tinha Deus com ele! Feliz foi José, cujo pai Jacó viu Deus em Betel! Feliz foi Jacó, cujo pai Isaque andava no campo e meditava em comunhão com o Senhor! Feliz foi Isaque, cujo pai Abraão havia falado com Deus e era chamado de "amigo de Deus". O Senhor tem o hábito de amar as famílias; Davi disse: "A misericórdia do Senhor é de eternidade a eternidade, sobre os que o temem, e a sua justiça, sobre os filhos dos filhos, para com os que guardam a sua aliança e para com os que se lembram dos seus preceitos e os cumprem". A graça não corre pelas veias com o sangue, mas frequentemente o fluir da misericórdia divina corre lado a lado com ele e, em vez de os pais terem sido, foram os filhos que o Senhor fez príncipes na terra.

Alguns de vocês talvez tenham pais e mães ainda vivos, cujos exemplos vocês podem devidamente seguir. Eu os exorto a nunca abandonarem o Deus de seu pai, ou o que é mais terno ainda, o Deus de sua mãe. Outros de vocês têm pais e mães no céu; bem, eles ainda são seus pais; esse relacionamento santo não é quebrado. Você se lembra do último aperto de mão de sua mãe, quando ela mandou que você a seguisse para o céu; você se lembra dos apelos que seu pai lhe fez em sua longa enfermidade, quando ele implorou que tomasse cuidado com seus caminhos e não negligenciasse as coisas de Deus, mas que o buscasse nos dias de sua juventude. Bem, você já ouviu seu pai dizer algo contra seu Deus? Alguma vez sua mãe, em seus momentos de desabafo, sussurrou em seu ouvido: "Maria, não confie em Deus porque Ele traiu a confiança de sua mãe"? Não, eu sei que eles não falavam assim, porque Ele era o melhor amigo deles; e Ele, que foi um amigo do seu querido velho de quem você nunca pode esquecer, Ele que animou o coração daquela mãezona graciosa cujo doce rosto se ergue diante de você agora – oh, eu imploro a você, não o abandone! "Não abandones o teu amigo, nem o amigo de teu pai."

A parte mais doce do texto, contudo, encontra-se nestas palavras: "O teu amigo". Não acho que posso pregar sobre essas palavras; posso tomá-las na boca e são doces como o mel, mas devem ser apreciadas de modo pessoal para serem totalmente apreciadas. Existem algumas linhas preciosas que às vezes cantamos, que descreve exatamente a bem-aventurança do "teu amigo":

> A saúde Ele é do meu corpo,
> Sim, Ele é o meu Deus.

Agora, se é verdade que Cristo é o seu Amigo, então você tem falado com Ele, você tem mantido uma doce conversa com Ele, tem depositado a sua confiança nele, tem contado o seu estado perdido e a sua pecaminosidade a Ele, e tem descansado nele como seu próprio Salvador. Você tem posto sua causa nas mãos dele e lá a tem deixado. Se Ele é de fato o seu Amigo, então Ele tem ajudado você. Você era um estranho e Ele o acolheu; você estava nu e Ele o vestiu; você estava espiritualmente doente e na prisão e Ele veio a você e o curou. Sim, e Ele tomou seus grilhões e ordenou que fosse liberto; e Ele tomou suas enfermidades e ordenou que tomasse a saúde dele, e assim curou você. Sim, e Ele o restaurou até mesmo da sepultura, e Ele mesmo foi para aquela sepultura, para que, pela morte dele, você pudesse viver. Você sabe que é assim, e dia a dia você mantém a comunhão com Ele; você não poderia viver sem Ele, pois Ele é esse tipo de amigo para você, e você descansa nele, depositando todo o seu peso quando deixa o deserto com Ele, apoiando-se em seu Amado, "o teu amigo".

Nem a amizade fica toda de um lado, embora o seu lado seja muito pequeno. Você a faria maior, se estivesse em seu poder, pois você confessou o nome do Senhor, você se uniu ao povo dele, você gosta de se reunir com eles em oração e adoração. Você não se envergonha de ser chamado pelo nome de Cristo como cristão, ou de falar bem desse nome, e deseja consagrar a Ele tudo o que tem. Melhor do que tudo isso, enquanto você o chama de Amigo, Ele também o chama de amigo, como Ele disse aos seus discípulos: "Vós sois meus amigos, se fazeis o que eu vos mando". Ouso dizer essas palavras, mas ouso duvidar da veracidade delas: Jesus é *meu* amigo? Lemos na Bíblia sobre um homem que era o capitão do exército de Davi, e sobre outro que era o conselheiro de Davi, mas havia um a quem sempre chamamos de "o amigo de Davi, Jônatas", e eu o invejo por esse título. Porém Jesus dá este nome a todos aqueles que vêm e colocam sua confiança nele, e assim o consideram seu Amigo.

Agora, visto que o Senhor Jesus é "o teu amigo, e o amigo de teu pai", a injunção do texto chega a você com força especial: "Não o abandones". Você consegue abandoná-lo? Olhe para o rosto dele todo vermelho de suor de sangue por você; não só seu rosto, pois Ele está totalmente coberto com aquele manto ensanguentado, no qual Ele operou a sua redenção. Quem trabalha pelo pão deve suar, mas quem trabalhou pela sua vida eterna suou grandes gotas de sangue, que caíram ao chão. Você consegue abandoná-lo? Ele está no tribunal de Pilatos, Ele é ridicularizado pelos guardas de Herodes, Ele é açoitado por Pilatos, e tudo por você; ainda assim você consegue abandoná-lo? Ele sobe até a cruz do calvário, e o ferro cruel é cravado em suas mãos e pés, e ali Ele faz expiação por sua culpa; Ele é seu amigo até na ignomínia da morte de um criminoso, ainda assim você consegue abandoná-lo? Ele coloca sua mão perfurada sobre você e diz: "Você também quer ir embora?", ou como Ele disse aos doze: "Quereis vós também retirar-vos?". Portanto, pode-se ler: "Muitos de meus supostos amigos se foram e, portanto, mostraram-se traidores em vez de amigos; mas você não irá embora também, não é?". E Ele parece fazer um apelo a eles com aqueles seus olhos tenros e cheios de lágrimas: "Os seus olhos são como os das pombas junto às correntes das águas, lavados em leite, postos em engaste" – "você não irá embora também, não é?".

E quando você vira seus olhos para outro lado e pensa não apenas na vergonha que seu Amigo suportou por você, mas lembra o que é uma prova igual de seu amor: que Ele não tem vergonha de você agora que Ele está em sua glória; que em meio à multidão de anjos, e querubins, e serafins que frequentam suas átrios nas alturas, Ele não desdenha que saibam que Ele é irmão desses pobres vermes da terra lá embaixo, pois mesmo lá Ele se fez carne, o que prova que Ele é o nosso parente mais próximo – sim, e tem as cicatrizes que provam que por nós Ele suportou a própria pena de morte, e mesmo agora, Ele não tem vergonha de nos chamar de irmãos. Ao pensar sobre tudo isso, você consegue abandoná-lo? Porque você está um pouco melhor financeiramente do que antes, você deixará o pequeno grupo de pessoas pobres com quem costumava adorar tão alegremente, e irá para algum lugar mais moderno onde há música, mas pouco da música do nome de Jesus – onde pode haver arquitetura deslumbrante, e máscaras, e pantomima, e não sei o quê, mas pouco do doce sabor de sua presença e da gota daquele orvalho que Ele sempre traz consigo onde quer que vá? Oh, é uma pena, é uma triste pena, é uma mesquinhez que desonraria um mero ser desse mundo, quando alguém que uma vez confessou a Cristo e o seguiu deva virar as costas a seu Senhor porque seu casaco é feito de material melhor do que costumava ser, e seu saldo no banco é mais gordo! Eu quase disse: Então deixem o Judas partir, não importando qual seja seu lugar – seria quase uma desonra para Cristo desejar que o traidor voltasse. Oh, vocês deixarão o Crucificado, ou antes, o Glorificado, pois se vocês abandonarem este Amigo, "Eis que Ele vem!". Cada hora o traz mais perto; as carruagens de sua glória têm eixos brilhantes, e você quase pode ouvi-los enquanto eles correm em nossa direção; e então, o que você fará quando tiver abandonado seu Amigo e o Amigo de seu pai e ouvi-lo dizer: "Nunca vos conheci; nunca vos conheci"? Queira Deus que nunca seja o destino de nenhum de nós aqui presentes ouvir essas palavras terríveis!

II

Agora passo ao nosso segundo ponto, pois o Espírito Santo pode me ajudar; é *o conselho sugerido*: "Não abandones o teu amigo, nem o amigo de teu pai".

Há para mim uma sugestão no texto que o próprio texto não sugere; isto é, *sugere algo ao não sugerir*. O texto não sugere que meu próprio amigo e amigo de meu pai jamais me abandonará. Parece sugerir que posso abandoná-lo, mas não sugere que Ele jamais me abandonará e nunca o fará. Se o Senhor quisesse me abandonar, Ele teria tantos bons motivos para fazer isso que já o teria feito há muito tempo. O apóstolo Paulo diz sobre aqueles que estão viajando para o país melhor, que "se, na verdade, se lembrassem daquele de onde saíram, teriam oportunidade de voltar", e certamente nosso bendito Senhor e Mestre, se Ele tivesse desejado nos deixar para perecermos, Ele teve muitas oportunidades de retornar ao céu antes de morrer; e desde então Ele teve muitas ocasiões em que poderia ter dito: "Eu realmente tenho que terminar minha amizade com você", se Ele tivesse desejado fazê-lo. Mas seu amor é constante de acordo com essa passagem: "Tendo amado os seus que estavam no mundo, amou-os até ao fim". É uma amizade que nunca muda. Você nunca recorrerá a Ele e descobrirá que Ele retirou o braço com o qual anteriormente o sustentava. Você descobrirá na vida e na morte que "há amigo mais chegado do que um irmão". Vamos nos alegrar com a certeza de que Ele nunca nos abandonará.

Agora, prossigamos ao que o texto sugere com tantas palavras. Ele nos sugere a pergunta: em que sentido podemos abandonar Cristo? Bem, há mais de um sentido em que alguém pode abandonar Cristo. Duas passagens vêm à minha mente neste momento: "Então, deixando-o, todos fugiram". Essa foi uma espécie de abandono; todos eles ficaram com medo e fugiram de seu Senhor na hora em que Ele foi traído nas mãos dos pecadores; mas é outro tipo de abandono quando lemos: "Desde então, muitos dos seus discípulos tornaram para trás e já não andavam com ele". O primeiro abandono foi o resultado de um medo repentino, muito a ser deplorado e muito condenável, mas ainda apenas temporário em seus efeitos; o outro foi o ato deliberado daqueles que a sangue-frio se recusaram a aceitar a doutrina de Jesus Cristo ou a segui-lo mais longe, e então voltaram e não caminharam mais com Ele. Este último abandono é incurável. O primeiro foi curado assim que o medo repentino que o causou foi removido, pois encontramos João e até mesmo Pedro seguindo o Mestre até a sala de julgamento, e todos os discípulos logo se reuniram ao redor dele após sua ressurreição. Eu diria a você, querido amigo: "Não abandones o teu amigo, nem o amigo de teu pai" em nenhum sentido. Não o abandone nem mesmo em seus momentos de inquietação. Ore a Deus, então, para que você possa ser corajoso e não o abandone e fuja. E então, em outro sentido, não deixe nenhuma disputa surgir entre você e a verdade mais preciosa de Cristo, de modo a levá-lo deliberadamente a deixá-lo, pois este é o pior de todos os tipos de abandono. Se nunca o abandonarmos em nenhum sentido, então é bastante certo que nunca o abandonaremos no pior sentido. Lembro-me de uma pequena alegria que tive com um bom irmão wesleyano, o mestre de obras, quando o Tabernáculo[3] estava sendo construído. Ele queria que eu subisse em uma escada direto para as luzes das lanternas, e eu disse:

— Não, obrigado, prefiro não subir.

— Mas — ele respondeu — eu pensei que você não tivesse medo de cair.

— Sim, respondi. Isso é bem verdade, não tenho medo de cair definitivamente;[4] mas a crença de que o Senhor me preservará não exerce nenhuma influência maligna sobre mim, pois me impede de correr riscos desnecessários ao subir escadas; mas vocês, bons irmãos, que têm tanto medo de cair, não parecem demonstrá-lo

---

[3] O Metropolitan Tabernacle [Tabernáculo Metropolitano], nome da igreja de Spurgeon.

[4] O jogo de palavras está em cair (da escada) e "cair (da graça salvadora)". Spurgeon cria na doutrina da permanência e segurança total dos cristãos (que um cristão verdadeiro ficará na fé até o final de sua vida), e as igrejas wesleyanas creem que é possível para alguém que é cristão (mesmo um verdadeiro) deixar a fé ("cair da graça").

na prática em sua conduta, pois sobem e descem as escadas com a maior agilidade possível.

Algumas vezes tenho encontrado pessoas que pensam que, se crerem que nunca cairemos para a morte, podemos nos tornar presunçosos; mas nós não, queridos irmãos. Há outras verdades que entram para equilibrar esta, de modo que o que eles pensam que pode resultar dela é impedido pela boa graça de Deus; e não estou bem certo de que aqueles que pensam que podem finalmente cair e perecer estejam suficientemente impressionados com essa crença para serem sempre cuidadosos. O fato é que seu cuidado ao caminhar não depende meramente de sua visão desta ou daquela doutrina; mas depende do seu estado de coração e de muitas outras coisas além disso, de modo que você não tem nenhuma razão para julgar o que você poderia fazer se você cresse nessa ou naquela verdade, porque se você realmente cresse, talvez você fosse, por sua vez, uma pessoa melhor, e a possibilidade que parece perdurar em torno da doutrina desapareceria para você. Que esta seja a linguagem de todos nós que amamos o Senhor, olhando para Ele com confiança e reverência:

> Não tememos que Tu percas
> Quem o amor eterno pôde escolher;
> Mas dessa graça nós nunca abusaremos,
> Nós não cairemos, nós não cairemos.

Sei que, se formos verdadeiramente do Senhor, Ele não permitirá que o abandonemos; mas devo ter um temor saudável de abandoná-lo, pois quem sou eu para ter a certeza de não ter me enganado? E posso ter feito isso; e, afinal, posso abandoná-lo após as mais altas profissões de fé e mesmo após a maior aparente sinceridade em confessar que nunca me afastarei dele.

Portanto, pergunto novamente: em que sentido podemos abandonar nosso Senhor? Bem, há muitos sentidos, mas talvez você entenda melhor o que quero dizer se eu descrever *um processo geral de abandono de um amigo*. Espero que você nunca tenha passado por isso; eu não recordo que já tenha passado; mas mesmo assim, posso imaginar que seja algo assim. O velho senhor era amigo de seu pai, também tinha sido seu amigo e lhe fez muitas coisas boas; mas, por fim, ele disse algo que o irritou, ou fez algo que você entendeu mal ou interpretou mal; e agora você se sente muito frio em relação a ele quando se encontram. Vocês passam o tempo juntos e talvez digam as mesmas coisas que costumavam dizer, mas são ditas de uma maneira muito diferente. Ora, é assim que começamos a abandonar nosso Deus; podemos manter a aparência de amizade com Cristo, mas é algo muito superficial. Vamos a um local de adoração, mas não há alegria, nem entusiasmo, nem seriedade. Então, a próxima coisa é você não ligar para ver seu amigo com tanta frequência como costumava fazer. Não chegou ainda a uma ruptura aberta entre vocês, então você o procura em certos momentos específicos quando se espera isso de você, mas não há nenhuma daquelas pequenas visitas rápidas e inesperadas que o pega de surpresa, apenas para o ver, como você costumava fazer. E, por sua vez, ele não vem muito ver você. E é assim que nosso abandono de Cristo geralmente continua. Não vamos falar com Ele como fazíamos antes, e quando vamos para sua casa, descobrimos que Ele não está lá. "Andarão dois juntos, se não estiverem de acordo?" Então, pouco a pouco, talvez haja uma palavra áspera dita e seu amigo sinta que você não o quer mais por perto. Você disse algo que o magoa profundamente e o entristece. Não era nada tão ruim se tivesse sido falado a um estranho; mas dizer àquele que era amigo de seu pai, do qual você sempre esperava a visita e a quem amava ver – dizer isso a ele foi muito difícil, e ele naturalmente se ressentiu disso. É assim que acontece entre Cristo e os cristãos. Algo é feito que pode não ser tão importante no caso de não cristãos ou abertamente ímpios; mas é muito ruim para quem professa ter Cristo como seu amigo. E você sabe o que acontece quando seu amigo está sendo descartado pouco a pouco? Por fim, ele não liga mais, e você não vai vê-lo. Talvez a brecha seja ainda mais ampliada e pequenos presentes sejam devolvidos ou tratados com desprezo. Há aquela pintura a óleo que seu pai tinha, embora ele mal pudesse pagar por ela, porque amava muito o amigo, e que pendurou em um lugar tão ilustre em sua casa; bom, outro dia quebrou o cordão e você não comprou um pedaço novo para pendurá-lo de novo; na verdade, você guarda o quadro na despensa e realmente não se importa com o que acontece com ele. Os pequenos sinais de afeição do passado são todos guardados, pois agora há uma ruptura aberta; e quando alguém falou com você sobre ele recentemente, você disse: "Oh, por favor, não o mencione para mim! Ele não é meu amigo agora. Eu costumava ser um amigo íntimo dele antes, mas mudei totalmente minha opinião sobre ele". Da mesma forma, agem alguns cristãos em relação ao Senhor Jesus Cristo. Aquelas pequenas provas de amor que eles pensaram que tinham dele, eles enviam de volta. Eles não permanecem em comunhão com sua Igreja. Eles fazem tudo o que podem para renegá-lo.

Enquanto isso, o bendito Senhor do amor é obrigado a renegá-los também; e sua Igreja os repudia; e com o tempo a ruptura se tornou completa. Que nunca de nenhum de vocês aja assim!

"Não, diz alguém, nunca farei isso." Meu caro amigo, se você está tão confiante assim, é você a pessoa de quem mais tenho medo. Lembro-me de alguém que costumava orar entre nós, mas tivemos de expulsá-lo da igreja por viver dissolutamente; e um dos nossos membros disse naquela noite:

— Se aquela pessoa não é um filho de Deus, eu também não o sou.

Eu disse:

— Meu querido irmão, não fale dessa maneira. Eu não colocaria minha alma contra a alma de qualquer um, pois eu bem sei um pouco de mim mesmo, mas não conheço outros tão bem quanto eu me conheço.

Tenho muito medo de que nenhum dos dois que mencionei fossem filhos de Deus; por sua fala, pareciam ser cristãos, mas seus atos não eram como os do povo de Deus. Não nos convém falar como aqueles homens, mas orar ao Senhor: "Sustenta-me, e serei salvo". Essa é a oração adequada para nós; ou então pode acontecer até mesmo a nós como aconteceu a eles, e podemos abandonar nosso Amigo e o Amigo de nosso pai.

Agora, *que razões podemos ter para abandonar a Cristo?* Não devemos fazer nada para o que não possamos apresentar boas razões. Conheci pessoas que muito devidamente abandonaram seus antigos amigos porque se tornaram novas criaturas em Cristo Jesus e, correta e sabiamente, desistiram de seus conhecidos com os quais costumavam pecar. Eles não podem ir agora para o lugar onde tudo é contrário aos seus sentimentos. Mas não é assim com Cristo. Alguns supostos amigos arrastam uma pessoa para baixo, rebaixam-na, ferem-na, aproveitam-se dela e, por fim, ela é obrigada a abandoná-los; mas não podemos dizer isso de Cristo. Sua amizade nos alçou, nos ajudou, nos santificou, nos elevou; devemos tudo a essa amizade. Não podemos ter um motivo, portanto, para abandonar esse amigo. Conheci alguns que se desinteressaram de um conhecido ou amigo. Eles realmente não foram capazes de continuar a ter pontos de vista e afinidades comuns, pois enquanto seu amigo permaneceu na lama, eles se transformaram em pessoas bem diferentes por causa da educação e outras influências; mas nunca podemos nos desinteressar de Cristo. Isso não é possível; e quanto mais crescemos no sentido correto, mais nos tornamos como Ele. Alguém que foi amigo de nosso pai e de nós mesmos é o mesmo que ainda devemos ter como amigo, porque provavelmente ele entende tudo sobre as dificuldades e as angústias familiares, e também nos entende. Ora, Ele cuidou de nós quando éramos crianças e, portanto, Ele sabe muito sobre nós. Lembro-me de que, quando estava muito doente, recebi uma carta de um senhor gentil e idoso que disse que naquele dia havia comemorado seu octogésimo aniversário, e que o melhor amigo que ele tinha à mesa de jantar era o velho médico de família. Ele disse: "Ele tem me atendido por tanto tempo que conhece perfeitamente como minha saúde é; ele tem quase a minha idade; mas a primeira vez que fiquei doente eu o consultei, e ele me acompanha há quarenta anos. Certa vez, disse ele, quando tive um forte ataque de gota, fiquei tentado a procurar algum médico famoso que quase me matou; e até voltar para o meu velho amigo, nunca mais estive realmente bem". Então ele escreveu para me aconselhar a conseguir um médico realmente bom, e deixá-lo saber sobre minha saúde, e me apegar a ele e nunca recorrer a nenhum dos remédios patenteados ou charlatães da época. Oh, mas há muita verdade nisso no sentido espiritual! Com a maior reverência, podemos dizer que o Senhor Jesus Cristo tem sido o Médico de nossa família. Ele não atendeu meu pai em todas as suas doenças, e meu avô também? E Ele conhece os meandros de minha saúde – Ele conhece meus modos bons e ruins, e todas as minhas aflições; e, portanto, não vou a ninguém em busca de alívio; e aconselho você também a se manter fiel a Jesus Cristo; não o abandone. Se você alguma vez se sentir tentado a se afastar, mesmo que por pouco tempo, oro para que tenha graça suficiente para voltar rapidamente a Ele e a se comprometer de novo com Ele, e nunca mais se desviar. Há a bênção de ter um amigo que é sábio, um que é provado, um cuja solidariedade foi testada, um que se tornou, por assim dizer, um membro de sua família, um que levou toda a sua casa ao seu coração e o fez parte integrante de si mesmo. Não abandone tal amigo para sua própria alma e para a alma de seu pai.

Não abandonem o Senhor, queridos amigos, porque quase tremo ao dizer isso: *um dia vocês o desejarão*. Mesmo que vocês nunca precisem dele no futuro, vocês não devem abandoná-lo. Eu não gosto muito daquele verso do hino no final do nosso hinário:

> Envergonhado de Jesus! Sim posso ficar,
> Quando não tiver culpa para lavar;
> Nenhuma lágrima para enxugar, nada de bom para desejar,
> Sem medos para dominar, nem a alma para salvar.

Não, eu não posso ficar; quando toda a minha culpa se for, não terei vergonha de Jesus. Quando eu estiver no céu e não precisar mais do perdão dos pecados, certamente não terei vergonha daquele que me levou para lá; não, mas vou me gloriar nele mais do que nunca. Sua amizade com Cristo, e a minha, não deve depender do que vamos conseguir dele. Devemos amá-lo agora pelo que Ele é, por tudo o que Ele já fez, e por sua própria pessoa bendita e qualidades pessoais que todos os dias devem reter nosso amor e nos prender a Ele em correntes de afeto.

Suponha, no entanto, que você pense em abandonar a Cristo: onde você vai conseguir outro amigo para tomar o lugar dele? Você deve ter algum tipo de amigo; quem vai se sentar na cadeira de Cristo? De quem é o retrato para ser pendurado no velho lugar familiar quando o velho Amigo é descartado? A quem você vai contar suas dores e de quem espera receber ajuda em momentos de necessidade? Quem estará com você na doença? Quem estará com você na hora da morte? Ah! Não há outro que possa preencher o vazio que a ausência de Cristo criaria. Portanto, nunca o abandone.

III

Agora devo encerrar com *a decisão consequente* sobre a qual posso dizer muito pouco, visto que meu tempo se foi.

Que esta seja sua decisão pela graça dele: *em vez de abandoná-lo, você se apegará a Ele mais intimamente do que nunca*; você o confessará quando isso lhe trouxer desonra; você confiará nele quando Ele o ferir, pois "fiéis são as feridas feitas pelo que ama"; você o servirá quando for difícil fazê-lo, quando envolver abnegação; decida que, com a ajuda de seu Espírito sempre bendito, sem o qual você nada pode fazer, você nunca, em qualquer tipo de companhia, esconderá o fato de que é cristão. Nunca, sob quaisquer circunstâncias possíveis, deseje ser diferente de um servo de tal Mestre, um amigo de tal Senhor. Venham agora, queridos jovens amigos que estão ficando frios com Cristo, e amigos mais velhos para os quais a religião está se tornando monótona, venham mais uma vez ao seu Senhor e peçam-lhe que os amarre com cordas, até com cordas nas pontas do altar. Vocês tiveram tempo para calcular o custo de todo o tesouro do Egito; abdiquem e renunciem dele de uma vez por todas. As riquezas de Cristo, porém, vocês nunca conseguem contar; então venham e tomem-no novamente para ser o seu Tudo-em-todos.

Aqueles que estão prestes a ser batizados sentirão que confio – como sentiremos quando olhamos para Ele – e cada homem e mulher dirá por si mesmo:

> Completa está a grande transação,
> Jesus é meu, eu do Senhor!

Declarem abertamente os que creem. Tragam em seus corpos as marcas do Senhor Jesus. Sim, que todos nós que fomos batizados em Cristo sintamos que todo o nosso corpo traz a marca d'água, "fomos, pois, sepultados com ele na morte pelo batismo". Não foi para nos livrarmos das imundícies da carne, mas como uma declaração de que estávamos mortos para o mundo e vivificados em novidade de vida em Cristo Jesus nosso Salvador. Portanto, que seja assim com vocês também, queridos amigos, ao seguirem o seu Senhor através das águas; agarrem-se a Ele, apeguem-se a Ele: "Não abandones o teu amigo, nem o amigo de teu pai". Que Deus possa acrescentar sua bênção por amor de nosso Senhor Jesus Cristo! Amém.

Pregação ministrada em 23 de fevereiro de 1882 no Metropolitan Tabernacle.

SOBRE O AUTOR

CHARLES Haddon Spurgeon nasceu em 19 de junho de 1834, em Kelvedon, Inglaterra, e morreu em 31 de janeiro 1892, em Menton, França. Foi um ministro religioso inglês de tradição reformada. Ele foi pastor do Metropolitan Tabernacle, uma igreja batista de Londres, durante quase quarenta anos. Ele é conhecido mundialmente como "o Príncipe dos Pregadores". Seus sermões inspiradores, além de livros e meditações sobre as Escrituras, têm sido traduzidos para vários idiomas.

Conheça outros livros de Spurgeon publicados pela Hagnos:

- *O Evangelho Segundo Mateus: a narrativa do Rei*
- *Esperança, o perfume do coração*
- *Fé, o alimento da alma*
- *Filhos da promessa*
- *Milagres e parábolas do Nosso Senhor*
- *Perguntas para a mente e o coração*

O QUE APRENDI NESTE LIVRO

O QUE APRENDI NESTE LIVRO

Sua opinião é importante para nós.
Por gentileza, envie-nos seus comentários pelo e-mail:

editorial@hagnos.com.br

Visite nosso site:

www.hagnos.com.br